人生の勝利者たれ

渡辺元智

報知新聞社

まえがきにかえて

——元《げん》さん、これからが本当の仕事だ

神奈川県野球協議会会長・藤木　幸夫

一般論として「苦労すると良くなる人」と「苦労してダメになる人」がいる。渡辺さん、元《げん》さんは苦労すればするほど磨きがかかる人の典型だと思う。あんなに苦労をした人は、そういない。野球をするために親戚の養子になるなど、育った環境は厳しかったと聞いている。母校野球部に関わるようになってからも周囲は味方ばかりでなく、物心ともにけっして恵まれていたとは言えない中、苦労を全部、自分の栄養にし、野球で大きな花を咲かせた。奥さん（紀子《みちこ》夫人）も、本当によく彼を支えていた。

私は神奈川県立工業学校（現・神奈川工）の野球部で捕手をしていて、同学年で横浜中学（現・横浜高）の外野手だった白幡憲佑師（日本仏教会前理事長）と交流があり、その縁で元さんと知り合った。控えめで、礼儀正しい子という印象は、50年近く経った

今でもまったく変わらない。欧米では、人となりを知りたいとき「Aftar You(お先にどうぞ)が言える人か?」と聞く。元さんはまさに、それが言える人だ。

夏の神奈川大会で優勝するたび、甲子園の登録でメンバーを2人減らさなければいけないことに悩む姿を見た。レギュラー選手以上に控え選手の進路に心を砕き、現役生徒に限らず、卒業した教え子たちのためにも、よく周りに頭を下げていたのを知っている。

野球部の監督というよりは、カウンセラー、相談役といった肩書がふさわしい指導者生活だったのではないだろうか。だから、私に会う彼の教え子たちは「監督はお元気ですか?」「この間、お会いできてうれしかったんです」と、必ず元さんの話をする。

15年夏限りで横浜高校の監督を退いたとき、私は彼に「元さん、これからが本当の仕事だよ」と声をかけた。野球の監督をしていなくても、野球を通じて得たものを球児や若い指導者をはじめたくさんの人に伝えていく。そういう役割を果たすべきだと。

現在、講演会で全国各地を駆け回っている元さんの、今後のさらなる活躍を期待している。

chapter 6 50年間を振り返って …… 167

chapter

1

3つの約束

人生の勝利者たれ

★球児たちへ

私が卒業生たちへの色紙に書くことが多い言葉。

部員がたくさんいても、そうでなくても、中学や高校の3年間で一度も公式戦に出られない選手は出てくる。強豪校ともなれば、一度も公式戦用ユニホームに袖を通せない選手もいるだろう。

だけど、人間としての勝負は、たった3年間では決まらない。私は70歳を超えたが、まだ勝利者になれたかどうかはわからないと思っている。なにもお金を稼ぐことだけが成功ではない。有名になることだけが成功ではない。人生の最後に、自分は納得した人生を送れたと実感する。それができた人が、本当の「人生の勝利者」だと考えている。

今、レギュラーになれないからダメだではなく、そこで勉強したことを生かして人生のレギュラーを取ればいい。球児たちも、自分を育てる長い目を持とう。

★すべての人たちへ

スパルタ時代は選手との会話などなかったし、選手から話しかけられることもなかった。すべて私からの一方的な指導。選手の気持ちなど、まったく気にもしていなかった。1980年夏の優勝投手、川戸浩（現・湘南学院コーチ）が「話すなんてとんでもない。怖くて、グラウンドに来るだけで空気が一変した」と振り返るように、それだけ越えがたい一線を引いていた。

しかし、時代が変わり、私が変わることで、だんだん生徒たちから信頼してもらえるようになり、卒業式などで「先生、なにか言葉を書いてください」と頼まれることが増えた。色紙を差し出す生徒の中には、3年間、控えに甘んじた選手も多い。これまでの労をねぎらうだけではなく、人生はまだここからだ、野球では勝てなかったかもしれないが、人生の勝利者をともに目指そうという気持ちで書き始めた。

昔はレギュラーの子ばかりを鍛えていたように思う。トップ選手は想像を絶するような厳しい練習にも耐えられ、結果を残すことができるが、プロ野球選手になれるのはほんの一握り。そこまでいけない選手が圧倒的で、甲子園で優勝させてもらううち、高校野球（中学野球やほかのスポーツでも同じ）を支えてくれているこうした選手たちに目を向けることの大切さを学んだ。

野球を真剣に教えることは、人間教育につながる。逆に言えば、人間教育をきちんとすることができれば、勝てるようにもなる。

それがわかった指導者生活後半の20年くらいは、野球部を訪ねてくれるＯＢたちに「ユニホームを着られない子供たちを、食事に連れて行ってくれないか」と頼むことができた。悩んでいる子がいれば、できる限り真剣に向き合った。私自身、脳梗塞《こうそく》、メニエール病をはじめさまざまな病気を患ったため、正直きついなと感じる日もあり、十分だったかどうかはわからない。それでも、私のできる限りは寄り添えたかなと思っている。

レギュラーだけでなく、自分にも指導者たちの目が向けられているのだと実感できれば、控えの選手は心からチームに貢献しようと動いてくれる。ありがたいことだ。その一番の例が、1998年春夏連覇を果たした松坂大輔(現・ソフトバンク)、小山良男主将(元・中日)の代。この年は、レギュラー、控え選手だけでなく、控え選手の保護者まで本当に協力的で、まさにチームが一つになれた。一つになれたからこそ、奇跡の公式戦44連勝もできた。レギュラー、ベンチ入りメンバーだけの偉業ではありえない。

ロッククライミングや登山などは、パーティーのうち一番弱い人にテンポを合わせる必要があり、力のある人が先走ってしまうと大きな事故を起こしかねない。一方、野球は極端な話、能力のある投手が相手打線を抑え、ホームランを1本打てば勝ててしまう。しかし、後ろで守ってくれる人を忘れたらおしまい。それぞれに、自分は仲間に対してなにができるのかを考えさせ、弱者に目を向ける姿勢を育てていかなくてはならないと思っている。

指導者、保護者で、「一生懸命伝えていることを、子供たちがちっとも理解してくれない」と嘆いている人が多いのではないかと思う。反抗期真っ最中ということもあり、なかなか素直に聞くそぶりは見せないだろうが、3年間(保護者ならもっと長い時間)言い続けたことは、必ず理解してくれると信じている。

いつ、どんなときに、どんな場所で「はっ」と気付くのかは、その子次第。早い子もいれば、遅い子もいる。時折、転んだり、立ち上がったりしながら人生を歩んでいくのを、こちらもゆっくりと見守ろう。

最後に「人生の勝利者」になれればいい。もし、なれなくても、精いっぱい努力し、少しでも近づけたらそれでいいのではないだろうか。

目標が
その日、その日を支配する

★球児たちへ

プロ野球選手となった教え子たちが、ことあるごとに私から贈られた大切な言葉として紹介してくれているが、これはもともと、私が高校時代に当時の黒土四郎校長から朝礼で聞かされていた、大正時代の社会教育家・後藤静香《せいこう》氏の詩「第一歩」の一節だ。

十里（約40キロ）の旅の第一歩と百里（約400キロ）の旅の第一歩は、同じ一歩のように見えて違う。十里の旅、百里の旅には、それぞれその旅に合った旅支度《じたく》を、覚悟をして臨まなくてはならないと説いている。

また、原文では「三笠山と富士山」になっているが、現代の子供たちにイメージしやすく言えば、エベレストと富士山に登る第一歩。装備、計画が違うのはもちろん、登る前の練習の仕方も違ってくるのがわかるだろう。

なにを目標に置くのかによって、その日、その日の過ごし方が決まる。

まずは自分がどうなりたいか。考えてみよう。

★すべての人たちへ

高校時代から何度も聞かされ、ずっと私の胸に残っていた言葉だが、エース松坂大輔（現・ソフトバンク）ら力のある選手たちに恵まれ、1998年に春夏連覇を成し遂げたあたりから頻繁《ひんぱん》に使い始めたと記憶している。センバツを制し、ある種の達成感に包まれていた彼らを一度白紙に戻し、再び頂点を目指すよう導いてくれた言葉は、今や横浜高校野球部の指針のようになっている。

どんなスポーツ、仕事であれ、目標をどこに置くのか、が大切だと思う。指導者、管理職、リーダーであればなおさら、個人の目標、チームとしての目標をどこに置くか熟考してほしい。

一つ目の目標は高く置いていい。高校野球で言えば「全国制覇」でかまわない。ただし、都道府県大会の1回戦も勝ったことのないチームが、いきなり全国制覇する可能性は低い。可能性が低過ぎると、人間のやる気は出ないものだ。それなら、少しでも可能性の高いものを探していこう。

全国制覇するためには、甲子園に出場しなければならない。

甲子園に出場するためには、夏であれば地方大会で優勝しなければならない。地方大会で優勝するためには、トーナメントを勝ち抜かなければならない。長丁場を勝ち抜くために、まずは一番緊張する初戦に勝利するために今、なにをすればいいのか。

一つ勝つのがやっとのチーム、コンスタントに都道府県大会で8強、4強までは行けるチーム、そして決勝に何度も進出しているチームでは、それぞれやるべきことが違う。チームの現状にマッチした小さな目標を立て、全員でそれをクリアすることを目指す。一つクリアするごとに、少し目標を上げる。

甲子園まで、全国制覇までは遠い。よほどのミラクルでもない限り、高校3年間で一気に達成できるものではないだろう。みんなで少しずつチーム力を高め、3年間を終えた選手は後輩たちに夢を託して引退する。後輩は先輩の残した成功と失敗から学んだことを生かし、精いっぱい戦う。この繰り返しが「伝統」というものになっていくのだと考えている。

ただし、勝つこと、成功することだけに固執して無理を強いれば、チームが崩壊する危険性がある。その結果、チームがなくなってしまうことも。もし道が違ったのであれば、一度引き返して、別の道を行けばいい。ときには潔く「あきらめる」ことも、指導者には必要だと思う。

一方、小さな目標だけを達成して満足してしまってもダメだ。登山であれば大山クラスの山を何度も何度も征服し、それからもう少し高い山、富士山、エベレストへと段階を上げていく。いつまでたっても大山しか登れないのであれば、富士山にも、エベレストにも永遠に行けない。「絶対にエベレストに登るんだ」という気持ちだけは、忘れずに持っていてもらいたい。

最後にもう一つ。周りに「おかしい」と思われても、必要な努力ならする勇気を持ってほしい。また、選手たちにも持たせてほしい。人と同じことをしていてはオリジナルを超えられないのだから、フロンティア精神を忘れないでほしい。

都道府県大会の開かれている球場の片隅で、実況中継している若いアナウンサーを見かけたことはないだろうか。「なに、あれ?」と思うかもしれないが、彼らにとって実際の試合を見ながら伝える練習をするのは必要なことなのだ。

ノーベル賞を受賞するような偉大な化学者、物理学者たちだって、人とは違うアプローチをするから大きな結果を残す。人とは違うやり方だから、結果が出なければ「おかしな人」で終わってしまう。だが、「おかしな人」で終わろうとも、次の人たちへ「失敗を託す」ことで、いつかその「失敗」が「成功」へと変わる瞬間がやって来る。

みなさんの目標はなにか。
その目標を達成するために、今日やるべきことはなんだろう。

頂上に登ったら
一度下山しなくては
次の山に登れない

★球児たちへ

この言葉もプロ入りした教え子たちがよくインタビューで話しているから、聞き覚えがある球児たちが多いと思う。

１９９８年のセンバツで優勝した後、夏にまた優勝するため、口を酸っぱくして選手に伝えた。春の山に登る準備と、夏の山に登る準備は違う。それ以前にまず、山から下りて来なかったら次の山に登れるわけがない。

登山は登るのも大変だが、下りるのはもっと大変だ。頂上を極めた達成感で浮かれたままでは、転んで大きなケガをしかねない。ケガで済めばいいが、致命傷になることだってある。一歩、一歩足元を見つめて（＝反省点を一つ、一つ確認しながら）足を運ばなければならない。

これはなにも甲子園優勝時に限ったことではない。試合に勝つ、ヒットを打つ、会心の投球をするなど、小さなことでも同じ。浮かれそうになる気持ちをグッと抑え、しっかり白紙に戻してから次の行動に移ろう。

★すべての人たちへ

センバツに出場した経験のある指導者なら、誰もが一度は悩むのではないだろうか。本人たちが意識する、しないにかかわらず、甲子園出場という大きな目標をクリアすると、選手たちはある種の達成感に包まれてしまう。それが優勝であれば、なおさらだ。ここからもう一度、締め直して夏に出場するためには、いったいどうしたらいいのだろうかと。

当然、そのままの状態で、しかも「俺たちがチャンピオンだ」という間違った認識を持ったまま相手を「迎え撃つ」ようなマネをすれば、夏に甲子園に戻ることはできない。勝負に絶対はない。特に、トーナメント方式の高校野球で、守りに入ったら勝てない。

私もこれまで何度も失敗した。松坂大輔（現・ソフトバンク）ら心技体がある程度、充実した1998年のメンバーでも、その危うさは変わらなかった。本人たちは一生懸命やっているつもりでも、どこか空気が抜けたような感じだった。

春の戦い方と、夏の戦い方は違う。暑さや湿気など気候が違うのは当たり前のことだが、それによって消耗するため夏は体力の上乗せがなければ話にならない。試合の進め方だって違う。秋は極端な話、負けても甲子園に出場できる可能性があるが、夏は1つ負けた時点で終わりだ。

春の時点では仕上がっていなかった打線も、チームそのものも、夏までにはそれぞれ最高の状態になっているはず。と、なれば、秋もしくは春までの戦い方では勝てない。

春が終わった時点ですべてを白紙に戻し、もう一度、夏に向けてチームも個人も再構築する必要がある。登った山をしっかりと下り、スタート地点に戻れてはじめて夏に戦う態勢を整えることができるのだ。

98年は、もともと国体優勝を目指してチームを作っていた。目指す目標はまだ先にある。センバツ優勝で満足するわけにはいかない。だから、選手たちにしっかりと下山することの大切さを繰り返し、繰り返し伝えた。センスのいい子たちがそろっていたから、彼らはそれを理解してくれた。精神的な部分、心構えの部分を理解してくれたことが、なにより大きかったと思う。

技術面で具体的に夏までにしたことを挙げると、まずは一人で投げ抜いたエースの松坂に1か月間、ピッチングを休ませた。これは不安だったが、肩の疲れを取ることを優先。その代わり、プールの中を歩かせたり、自転車をこがせたり、ウェートトレーニングをみっちりさせて力を蓄えた。

野手も基礎体力という重装備を整えさせるため、筋力と技術のアップに重点を置いて練習させた。もちろん、松坂一人では連戦の夏は勝てないから、控え投手で1学年下の袴塚健次、斉藤弘樹を一本立ちさせるようにもした。

プロ野球選手になり、筒香嘉智(現・DeNA)のように一線で活躍している選手たちも、この言葉を今も心に留めてくれているそうだ。目標を立て、それに向かって努力し、達成できたらまた、新たな気持ちで次の目標に向かう。その積み重ねが、厳しい世界で生き抜く力になっていくのだと思う。

付け加えておくが、この「登山」と「下山」の繰り返しの徹底は、野球の指導に限ったことではない。指導者は、選手の部活動引退後、卒業するまでしっかりと「下山」を見届ける義務がある。

実は、1980年夏の優勝メンバーで、天理（奈良）戦で同点タイムリーを打った沼沢尚は、夏の大会後に学校を辞めてしまった。家庭的なことを含めてさまざまな理由があったのだが、私たちの説得も及ばず、卒業させてやることができなかった。苦労をともにして頑張ってきた子の面倒を最後まで見きれなかったことについては、今も断腸の思いを持っている。

このことがあって、私は「野球部在籍中だけではなく、卒業するまでしっかりと生徒を見ていてやらなければならない」と改めて強く思った。

コラム 1 50年のひとかけら

私を変えてくれた人たち

私が50年も高校野球の第一線で指導者としてやってこられたのは、人脈＝人的財産を作れたことにある。この人的財産を築くにあたり、とてもお世話になったのが、藤木企業の藤木幸夫会長と横浜高校の大先輩でもある(財)日本仏教会の白幡憲佑・前理事長だ。厳しくも、愛情あふれるこのお二人にもし出会えなかったら、おそらく私は1973年春の全国制覇からまもなく消えてしまっていただろう。お二人を介して、私を変えてくれ、支えてくれた多くの人に出会うことができた。すべての出会いに心から感謝している。

白幡師はそれはまあ、嫌な人だった。嫌な人というのは白幡師の人間性が、ではない。私が勝手に煙たく思っていたという意味である。73年の全国制覇後、すっかり調子に乗ってしまっていた若き日の私に、靴の脱ぎ方、礼儀作法など、それは細かく、一から指導してくださった。同じ高校出身だという気安さもあったのか、歯に衣着せぬもの言いで、私の欠点をズバズバと指摘する。怒鳴られたことも数え切れない。本当に素晴らしい人で、まったくかなわないと分かっていたから、余計に悔しかったものだ。

白幡師に絞り上げられている私を、大きな心で見守り、包んでくださったのが白幡師と〝盟友〟だった藤木会長である。神奈川県立工業学校(現・神奈川工)で野球をされ、神奈川県野球協議会会長をはじめ県内の数々のスポーツ組織の要職を務めた方だ。

横浜市内の政財界や中小企業の社長さん方が一堂に集まる「横浜友達会」の主要メンバーでもあり、「一流になりたかったら、一流の人に会いなさい」とまだ20代だった私にたくさんの方を紹介してくださり、さらに一流の料亭やらどこへでも連れて行ってくださった。

一流の料亭では、客にも一流の作法が求められる。頭の下げ方、話し方、身だしなみ――。そういうことを会長の所作からじかに学び、「ああ、トップに立つ人とは、こういう人なのか」と深く感じ入ったものだ。

藤木会長の言葉では「高校野球は負けて覚えるんだよ。勝ちっぱなしじゃダメになる」が特に印象深い。1997年の明治神宮大会、98年の春夏甲子園、同年秋の国体を制し、今も「奇跡」と語られる公式戦44連勝を成し遂げた頃、自分自身では「指導者として、しっかりしてきたよな」と思っていた矢先に、投げかけられたひと言だった。

勝ち続け、ちやほやされることで、10代の子供たちは簡単に勘違いしてしまう。仮に、子供たちが勘違いしなくても、周囲が変わってしまうのは良くないと考えておられた。だから翌99年のセンバツでPL学園(大阪)に5－6と初戦負けをして神奈川に帰ってきたとき、「良かったなあ、元《げん》さん。甲子園で、本当の教育をすることができたよ。3年生は、きっといい人間になれるよ」と言ってくださった。私はこの言葉で、改めて「高校野球＝教育なのだ」と実感したものだ。

当然のことではあるが、無理に負ける必要は全くない。「負けて覚える」というのは、必死に勝利を目指した末に負けるから、得られる、覚えられることがあるという意味だ。思えば私も、50年の高校野球指導者生活では「栄光より挫折」「成功より失敗」「勝利より敗北」から得たものが多かった。目先の「栄光」「成功」「勝利」だけに固執することなく、「栄光」「挫折」

「成功」「失敗」「勝利」「敗北」のそれぞれから何を学ぶのか。そこに重きを置きたい。繰り返すが、あくまで真剣に「栄光」「成功」「勝利」を目指した末の「挫折」「失敗」「敗北」にしか意味はないと思う。

そしてもう一つ、「ガツガツすることはない。根性だのなんだと言う前に、指導者は選手に安心してプレーさせてやりなさい」だ。自分が前に出ていくのではなく、選手が安心してプレーできる環境を整える。これは、私の指導者生活後半のキーワードになった。

また、藤木会長は女房(紀子《みちこ》)の働きについても、よくねぎらってくださった。当時の私は、女房がどれだけ私や横浜高校野球部に尽くしてくれても、当たり前のように思っていた。でも、そうではないことは、正月に誘い合って来てくれる卒業生の数、家にある100膳ものはしがそれを証明している。女房が心をこめて選手たちの世話をし、フォローをしてくれたからこそだった。会長の気遣いで、私は「裏方」の仕事の大切さにも気付けた。今では、女房に心から感謝している。

ドラフト指名された教え子たち

◇ドラフト指名された教え子たち

指名年度	名 前	位 置	球団、順位	指名当時の所属（大学）
2014年	倉本 寿彦	内野手	DeNA 3位	日本新薬（創価大）
	浅間 大基	外野手	日本ハム 3位	横浜
	高浜 祐仁	内野手	日本ハム 7位	横浜
2012年	下水流 昂	外野手	広島 4位	ホンダ（青学大）
	田原 啓吾	投手	巨人育成 1位	横浜
2011年	乙坂 智	外野手	横浜 5位	横浜
	近藤 健介	捕手	日本ハム 4位	横浜
2010年	荒波 翔	外野手	横浜 3位	トヨタ自動車（東海大）
2009年	筒香 嘉智	内野手	横浜 1位	横浜
2008年	土屋 健二	投手	日本ハム 4位	横浜
2007年	高浜 卓也	内野手	阪神高校生1巡目	横浜
2006年	福田 永将	捕手	中日高校生3巡目	横浜
	佐藤 賢治	外野手	ロッテ高校生2巡目	横浜
	円谷 英俊	内野手	巨人大学・社会人4巡目	青学大
2005年	松井 光介	投手	ヤクルト大学・社会人3巡目	JR東日本（亜大）
2004年	小山 良男	捕手	中日8巡目	JR東日本（亜大）
	石川 雄洋	内野手	横浜6巡目	横浜
	涌井 秀章	投手	西武1巡目	横浜
2003年	成瀬 善久	投手	ロッテ6巡目	横浜
2002年	後藤 武敏	内野手	西武自由獲得枠	法大
2000年	阿部 真宏	内野手	近鉄 4位	法大
1998年	矢野 英司	投手	横浜 2位	法大
	小池 正晃	外野手	横浜 6位	横浜
	部坂 俊之	投手	阪神 4位	東芝府中（亜大）
	松坂 大輔	投手	西武 1位	横浜
	丹波 幹雄	投手	ヤクルト 8位	ウイーンベースボールクラブ
1997年	高橋 光信	内野手	中日 6位	国際武道大
	白坂 勝史	投手	中日 7位	関東学院大
1996年	幕田 賢治	外野手	中日 3位	横浜
	中野 栄一	捕手	中日 4位	亜大
1995年	横山 道哉	投手	横浜 3位	横浜
1994年	斉藤 宜之	外野手	巨人 4位	横浜
	高橋 建	投手	広島 4位	トヨタ自動車（拓大）
	紀田 彰一	内野手	横浜 1位	横浜
	多村 仁	外野手	横浜 4位	横浜
1990年	鈴木 尚典	外野手	大洋 4位	横浜
1987年	高井 一	外野手	阪神 2位	横浜
1985年	相川 英明	投手	大洋 5位	横浜
1984年	神山 一義	外野手	中日 6位	横浜
1983年	片平 保彦	捕手	大洋 6位	大洋練習生
1981年	山中 博一	内野手	大洋 6位	横浜
1980年	愛甲 猛	投手	ロッテ 1位	横浜
	中田 良弘	投手	阪神 1位	日産自動車
1978年	吉田 博之	捕手	南海 4位	横浜
1977年	佐野クリスト	捕手	近鉄 3位	横浜
1976年	吉川 盛男	外野手	ヤクルト 6位	横浜
1974年	永川 英植	投手	ヤクルト 1位	横浜
	※上野 貴士	内野手	ヤクルト 4位	横浜
	青木 実	外野手	ヤクルト 5位	日産自動車
1972年	山口 富夫	投手	太平洋 2位	三協精機（神大）
1971年	※平井 信司	内野手	東映 3位	日拓観光（専大）
	斎藤 輝美	内野手	西鉄 8位	横浜
1970年	佐野 勝稔	内野手	近鉄 5位	河合楽器（駒大）
	米山 哲夫	内野手	西鉄 5位	東芝
1969年	山本 秀樹	投手	西鉄 6位	横浜
1965年	※石井 満	投手	阪神 5位	日本石油
	飯田 幸夫	内野手	近鉄 4位	横浜
	※安岡 静夫	外野手	阪急 12位	横浜
	岸 勝之	投手	大洋 4位	横浜

※は入団せず。　　　は現役選手。

本人の努力と力がそろってこそ

長い指導者生活の中で、数多くの好選手に出会い、日本球界最高峰のプロ野球へと送り出してきた。それぞれが、それぞれの場所で頑張ってくれていることがうれしい。

こうしたことから横浜高校の野球部に入れば、いい大学に行ける。いい会社(社会人野球)に入れる。プロにも行ける。そう思って入学してくる選手、保護者は多い。しかし、そんな甘い話があるわけないだろう。高校3年間で成長できるかどうかは本人の努力次第だし、本人の努力だけでは先に進めない。プロ野球選手になれずに野球を終える者の方が、圧倒的に多いのだ。だから、私は「選手を育ててプロに入れよう」と考えたことはなかった。社会で生きていけるように「人間を育てる」ことが、一番大事だと思っている。

技術だけでもうまければ、プロは声をかけてくれる。ドラフト1位だろうが、6位だろうが、最下位だろうが、なにか光るものがあるから入団できるのだ。プロ入りした教え子たちの大半は、ほかの選手と違う面があった。入学時から「将来、プロに行こう」という強い気持ちがあるから、個性も強いし、自己顕示欲も強い。

一方、松坂大輔（現・ソフトバンク）のように入学時はやや太っていて、それほど注目していたわけではなかったのが、学年を追うごとに頭角を現すといった例もある。もっと言えば、大学や社会人に行ってから芽を出す選手もいる。目先のことで一喜一憂しなくていい。

ただし、プロの世界は入って終わり、ではない。1軍で活躍できてはじめてプロ野球選手と言える。ルーキーも、ベテランも、なんのハンデもなく真剣勝負する厳しい世界で生き残るためには、技術力に加えて「人間力」が必要になってくる。

なぜならプロは「育成する所」ではなく「勝負する所」だからだ。勝負できる心身を作りあげられるかどうかは、選手自身にかかっている。高校時代のように、監督や指導スタッフが常に目を光らせ、導いてはくれない。この練習で足りているのか。足りていないなら、どういう練習を追加すればいいのか。監督、コーチのアドバイスはどこまで取り入れるべきか。なにを食べて、どんなトレーニングをすべきか。こうしたことを、自分の頭で考え、試していくことが要求される。未熟な高卒選手に関しては、もう少し心身ともに手厚く育成をすべきだと思うのだが、これは「仕事」であるから仕方のない面もある。

プロ入りした選手たちは折りに触れて、この人間力の大切さを痛感したと話してくれる。1998年春夏連覇メンバーの後藤武敏（現・DeNA）は、15年11月に教え子たちが開いてくれた私の慰労会の席で「高い山に登ったら、次の山に登るために一度下山しなさい。下山の仕方を誤ると大変なことになるから、注意しなさい。センバツ優勝の後、そういわれて夏に挑んだ経験が、私の人生の核になっています」と振り返ってくれた。目標クリアに満足することなく、次の目標を探し、目指してやってきた結果、2016年でプロ14年目に突入した。

大砲としての才能を存分に発揮している筒香嘉智（現・DeNA）も「横浜高校で学んだ礼儀に始まり、礼儀に終わる。これが、プロの世界でも役立っています」と言う。選手それぞれが事業主＝社長でもあるプロの世界でも、円滑な人間関係を築くことは大切だ。彼らには、小倉清一郎コーチが高校時代に精いっぱい付けてくれた技術力、野球の知識が備わっていて、それを有効に使うためには人間力が必要だということを、身をもって後輩たちや彼らを目標にする球児たちに示してくれていると思う。

16年のキャンプイン直前、母校で自主練習をしていた筒香と乙坂智（現・DeNA）に「景気づけをしてやろう」と声をかけ、焼き肉店に連れて行った。筒香は1億円プレーヤーになっていたが、私は彼の〝先生〟だ。料金は私が支払うつもりでいたが、なんと筒香はトイレに行くと言って席を外し、その間に支払いを済ませてくれていた。これには驚き、そして感激した。松坂の1学年上の捕手で、タレントになった上地雄輔もそうだったが、さりげない気配りができる人に育ってくれたことが本当にうれしかった。

最近、プロ出身選手の不祥事が新聞やテレビをにぎわせている。私たち指導者、教諭は、野球以外何も知らない、できないような人間を育ててはいけない。改めて、そう感じている。

コラム 2 50年のひとかけら

言葉の魅力と魔力

言葉のことでは、今でも苦い思いを抱き続けているものがいくつかある。

一つは助けを求めてきた生徒を突き放してしまったことだ。

勝ちたい焦りから、技術の体得とセオリーの勉強ばかりに固執し、それをそのまま選手たちにも詰め込む毎日。余裕がなかった。そんなとき、卒業して大学に進んでいた教え子が中途で挫折し、私のところへやって来た。私を頼って相談に来たのに、私は、

「お前、なぜ戻ってきた。これでお前の大学に、後輩たちが入れてもらえなくなるじゃないか。少しは後輩たちのことも考えろ!」

そう、叱り付けたのだ。その後、彼は私から離れていき、二度と私の前には顔を見せなかった。

彼は苦痛あるいは悩みを持っていたからこそ、私を頼って相談に来たはず。人間には個

人、個人、生まれながらにそなわっている能力や体力の限界というものがある。「グラウンドを20周走れ」といっても、なんなく完走できる子もいれば、どうやっても10周が限界の子もいる。もちろん、10周を11周に、11周を12周にと伸ばしていく努力はさせるべきだ。その上で、どうしてもできないこともある。彼もどうにもならないことがあって、悩んだ末に中退を選び、その後の進路に迷って相談に来たのだ。

挫折の苦しみを、身を持って知っていたはずの私はなぜ、あのとき、彼の苦痛や悩みを親身になって聞いてやり、ひと言でいいから、人間らしい慈愛の言葉をかけてやれなかったのか。監督として高いところから見下ろすのではなく、あくまで選手たちと同一平面に立って、彼らの苦痛や喜びを聞いてやれなかったのか。今なら、彼に違う道を示してやることもできたのに。

もう一つは、吃音症《きつおん》のマネジャーのこと。私に練習開始時間などをたずね、部員に伝達する役目を任せていたのだが、スラスラと話せない。当たり前だ。しかし、つっかえるたびに私に怒鳴られているうち、恐怖心が勝ったのか、何段階かを経て、卒業する頃には普通に話すことができるようになった。就職の面接も1度でパスした。

彼も卒業後は、私の前に出てきてはくれない。OB会にも出席しない。それだけ根強いマイナスの思いを、今も私に持っているということなのだろう。

思い返して見れば、マネジャーを叱っていたのは、つっかえつっかえ話されることに、私がイライラしていたからに過ぎない。彼のことを、彼の将来を思いやって叱っていたのであれば、高校時代にはそうとわからなくても、社会に出てから気付いてくれ、ここまで疎遠になることはなかったと思う。

すべては私の言葉、言動に、彼に対する愛情がこめられていなかったから、こういう結果になったのだ。特に、指導者の言葉を集中して聞いている子供たちは、裏に潜む感情を敏感に感じ取ってしまうもの。そして、それを大きくとらえてしまいがちだ。

さらには指導初期の体育助教諭時代、態度が悪く、成績が伸びない生徒に「そんな風なら

（大学へは）裏口入学でもするか？」と言ってしまったこと。こちらとしては冗談で、奮起を促すつもりだったのだが、親が抗議に来る大騒動に発展してしまった。確かに不適切な言葉づかいだった。もっと違った発奮のさせ方があっただろうに、深く考えずに口にしてしまったことを悔やんでいる。

彼らのほかにも、未熟さゆえに傷つけた生徒は多い。

言葉というものは本当に怖い。こちらの意図することと違う意味に、相手が取ってしまう危険性をはらむ。

言葉の「魅力」と「魔力」。両方を知って言葉を選び、かけるタイミングを勉強していかなくてはならない。

chapter

2

言葉の使い方

言葉には味と真理がある

★球児たちへ

なにか悪いことをして、誰かに「コラ！」と叱られたとしよう。なんとかみんなを良くしよう、間違っていることを教えようという愛情がこもった「コラ！」と、みんなの行動が不愉快だったから、感情のままに憎しみをこめた「コラ！」。二つの区別は、瞬時につくのではないだろうか？

言葉の裏にある感情は、とても伝わりやすい。

たったひと言で、人の心を開くことができる。

でも、たったひと言で、それまでのいい関係をすべて壊してしまうこともある。

伝える場所、状況が異なれば、伝わり方もまた違ってくる。

そういうことを理解して、言葉を使おう。両親や先生、監督、コーチたちが、本当はなにを伝えようとしているのかも一生懸命想像しよう。

そしていつか、味と真理をたっぷり含んだ言葉を、誰かに投げかけてやれるようになってほしい。

★すべての人たちへ

懇意《こんい》にしている国語科の先生によれば、日本語は用語、文法などがとても素晴らしい言語だそうだ。ところが最近は言葉が乱れ(時代によって、言葉の使い方が変わっていくのは仕方がないのだが……)、これまで正しいとされてきた言葉が子供たちに伝わらなくなってきている。会話を成り立たせるため、伝わる言葉を探すのに苦労することも多い。

例えばバッティングピッチャーを意味する「バッピ」やグラウンド整備の「グラセイ」。最初は選手たちがなにを言っているのか、さっぱりわからなかった。聞くのも悔しいから彼らの動きを観察し、想像して理解したが、「こんにちは」が「ンチャー」になっていたときは思わずひっくり返りそうになった。国語科の先生には「きちんとした日本語を話させなければダメです」と釘を刺されながらも、ある程度は子供たちに合わせるようにしている。

どんなにいい言葉でも、伝えるタイミングによっては逆効果になってしまうことにも注意したい。指導者はときどき使うだろう。

「お前しかいない」という言葉。

これは基本的に、1対1で言うべきだと考えている。みんなの前で言うと、周囲からのプレッシャーをより強く感じてしまうこともある。また、「なんだ、監督はあいつにしか期待していないのか」と無用な誤解を生んでしまうことも。

「お前しかいない」と「○○、頼んだぞ」という言葉には、表現上はさほど違いはないと思う。しかし、受け止める選手側はかなり神経質に捉えるようだ。みんなの前で言うなら「○○、頼んだぞ」の方が向いているかもしれない。

私が大きな失敗をしたのは、2014年の伊藤将司、日暮圭一両投手のケース。日暮は肩甲骨の不調で、満足に投げられない日が続いていた。私は「今でなく、やがて勝利者になってくれればいいのだから」と医者に連れていったり、いろいろと手を尽くしていて、それを日暮はわかってくれていた。

一方、二枚看板になるはずが、日暮の故障で一人でマウンドを守らざるを得なくなった伊藤はもともと寡黙《かもく》な性格。闘志は前面に出てこないし、こちらがいくら呼びかけても、「はあい」というようなのんびりした返事が返ってくるような子で、私もそれを承知していた。理解しているつもりでいた。

しかし、夏の大会期間で焦る気持ちもどこかにあったのだろう。室内練習場で、みんなの前で伊藤を「エースに覇気がないのはダメだ」と叱ってしまった。するとミーティング後、外に出た日暮が「監督があんなに言ってくれているのに、お前のあの態度はなんだ！」と伊藤にくってかかったのだ。伊藤も応戦し、激しい口論が始まってしまった。慌てて室内練習場を飛び出し、二人に割って入ったが、これは完全に私の配慮不足に間違いない。

日暮は私がいろいろしてくれることに感謝しながら、投げたいのに投げられないもどかしさでイライラしていた。

伊藤は自分一人で投げ抜かなければならないプレッシャーに押しつぶされそうになりながら、懸命に耐えていた。それなのにみんなの前で叱られ、納得できない気持ちになったのだろう。

私は伊藤を個人的に呼び寄せ、諭すべきだった。

恥をかかされた↓悔しい↓見返してやる。スパルタ期の選手の思考はこうでも、今の選手は同じように考えない。両親をはじめとする血縁者にしか、いや、その人たちにすら怒られたことのない子供がいる時勢なのだ。時代に合わせたアプローチの必要性を改めて思い知らされた一件だった。

何度だまされても
お前を信じてやる

★球児たちへ

野球でも、そのほかのスポーツでも、そして社会に出てからも、チームプレーで大切なのは「信じる」こと。自分を信じ、仲間を信じる。指導者を信じる。

では、信じるためにはどうしたらいいのか。

努力することだ。日々、与えられた練習、課題に一生懸命に取り組む。できる限りの練習をしてきたという事実は、自分に自信を与えてくれる。「誰にも負けない練習をしてきた」ことを思い出せば、ピンチで思い切り腕を、バットを振る勇気が湧いてくる。

また、努力してきた姿を見ていれば、指導者も、仲間たちも、その選手を信じようという気持ちになるはず。たとえ試合でミスが出ても、あれだけやってきた彼なら仕方がない。なんとか取り返してやろうと思える。そういう気持ちの積み重ねが、勝利につながる。

野球は一人ではできない。

★すべての人たちへ

私の究極の目標は「ノーサイン野球」だった。サッカーでも、ラグビーでも、練習では徹底的に戦術をたたき込むが、いざ試合になれば監督はワンプレーごとにいちいちサインを出したりしない。

ある程度、管理して、手をかけて育てるけれど、試合＝発表の段階では彼らを信じて任せる。子供たちが主役の野球ができたらいいなと考えていた。実際、1980年夏に全国制覇した愛甲猛（元・ロッテ）らのチームで、国体のときにそれをやって優勝したことがある。もっとも、国体はすでに新チームに移行した秋に開催され、引退した3年生を中心にメンバーを組むということもあり、甲子園をかけた真剣勝負と少し違うからできたことだが……。

2008年に春夏甲子園出場したときの主将で、小川健太（現・九州三菱自動車）という選手がいる。もう、昔のことだから話すと、中学時代はかなりのやんちゃだった。中学校の先生方が手を焼き、ウチへの推薦入学が決まると「こういう子を推薦で入学させたら、一生懸命努力しているほかの子に示しがつかない」とまで言われたほど。私は、彼が入学してきたときに宣言した。

「お前にだまされても、だまされても、信用してやるからな」

もし、だまされたら、そのたびにきちんと叱る。叱りはするが、けっして見捨てない。自分が守る。そういう意味だった。

人間は信頼されると、強くなる。小川は横浜高校の3年間でキャプテン、主軸打者としてチームをまとめるまでに成長した。センバツは2回戦(初戦)で東北(宮城)に2－6で敗れたものの、夏の甲子園では堂々の4強入り。夏は打撃不振(甲子園5試合通算打率・250)に悩みながら、エース土屋健二(元・日本ハム)、2年生4番・筒香嘉智(現・DeNA)たちをよく引っ張ってくれたと思う。

あれは、神奈川県内で「監督会」という勉強会を立ち上げたころだったから、十数年前、いやもっと前だったかもしれない。若手の監督たちから「野球の実力はあるけれど、協調性がなく、やんちゃな子を試合で使いますか?」と質問されたことがある。私が「使う」と答えると、意外な顔をされたものだ。チームワークを乱すから、そういう選手は使わない。実力があるから使うというのは、毎日地道に努力している選手にとって不公平。そう判断するのは、指導者として間違っていない。しかし、それは「簡単な答え」だと私は思う。

中学生、高校生(もしかしたら大学生、社会人も)は未熟な存在で、人格もまだでき上がっていない。迷うこともあれば、間違うこともある。それを導き、正すのが、私たち指導者の仕事ではないだろうか。「言うことを聞かないから、使わない」ではなく、いかに聞く耳を持たせるか。きちんと叱り、ペナルティーを与えた上で過《あやま》ちを許し、やり直すチャンスを与えることも、私は教育だと考える。そうやって社会に通用する人間に育てて、送り出してやりたい。その子が成長することによって、周囲もまた成長できると思うのだ。

また、選手を育て、信じると同時に、指導者は自らを彼らに信じてもらわなければならない。それには自分を大きくすることが必要だ。専門分野内だけにとどまらず、異分野の第一人者の話を聞いたり、読書をしたり、映画を見たり、一見、専門分野とまったく関係のないさまざまな経験もしていこう。私たちが選手の陰の努力を見ているように、選手たちも私たちの陰の努力を見ている。

そしてもう一つ。子供の教育は、学校教諭だけの責任ではない。最近は学校に丸投げしてしまう保護者もいるが、基本はあくまでも家庭。逃げずに、子供と向き合ってほしいと思う。

イケメンだな

★球児たちへ

本来「イケメン」とは「イケてるメンズ」の略語だそうだが、ここでは「格好いいな」、少し古い表現になるが「ハンサムだな」くらいの意味で使った。

成瀬善久(現・ヤクルト)が横浜高校に入学してきたとき、分厚い近眼用眼鏡をチームメートにからかわれることがあった。栃木・小山市の桑中時代に全国中学軟式野球大会に出場し大活躍した好投手でも、初めて故郷を離れての生活ではいろいろ不安もあったようだ。なんとなくチームメートの後ろに引っ込んでしまっていたので、なんとか自信をつけさせてやりたかったのだ。

「眼鏡をちょっと外してみろ。なんだ、イケメンじゃないか。コンタクトにしてみないか?」そんな私の言葉に、「いえ……」と歯切れの悪かった成瀬も、コンタクトレンズを着けてから雰囲気が変わった。

なんでもいい。自分で自信の持てるものを探してみよう。一つ、自信が持てたら世界が変わる。チームメートの長所も、探してあげられるともっといい。

★すべての人たちへ

成瀬は、1998年の春夏連覇を見て「プロに行きたいから、ここで鍛えてもらいたい」と入学してきた子だ。ほとんど神奈川県内の選手だった横浜高校にも、春夏連覇を境に全国から選手が集まってくるようになった。

全国から選手が来るということは、生活習慣、言葉、味覚などが違う生徒が交じるということ。すんなり神奈川に溶け込む子もいれば、どこか臆してしまう子もいる。臆してしまった子を前向きにさせるには、どうしたらいいのか。私はいろいろ観察して、ほめる所を見つけるようにしている。

これはなにも、越境入学の子だけに言えることではない。同じ県内でも、エリアによっては生活習慣、言葉などが微妙に違うこともある。また、単純に自信を持てずに下を向いてしまっている子の、背中を押すときにも応用できるはずだ。

成瀬のときは、からかいの対象になっていた眼鏡をまずは外させた。からかわれることが一つなくなったことで、練習に集中できるようになった。練習に集中できれば、もともと素質のある子である。グンと伸びた。

ほめ言葉を、コンバートの説得に使ったこともある。

1980年夏に2年生4番として活躍した片平保彦(元・大洋)は、中学の神奈川県大会優勝投手として入学してきた。彼のピッチングは中学では通用したが、高校では無理だと判断。「投手の心理が分かる捕手になれ」と説得した。ときにはハンサムだった片平に「本当にいい男は、顔を隠して、前面には出ないものだよ」と冗談ともつかないことをささやき、なんとか興味を持たせるようにし向けた。結果、捕手転向を決意した彼は、私の予想以上の熱心さで新しいポジションに取り組み、明晰《めいせき》な頭脳を生かして全国制覇の立役者の一人となった。

コンバート一つとっても、選手を本当に納得させてやらなければいい結果は生まれない。いかに気分良く、取り組ませるかは指導者の腕の見せ所でもある。ただし、気をつけてほしい。子供たちに伝える言葉にウソはあってはならない。ウソはダメだが、マジックは必要だ。

バットを振る勇気だけ持て

★球児たちへ

１９８０年夏の甲子園準決勝・天理（奈良）戦で、８番打者の沼沢尚にささやいた言葉だ。２回終了時に37分間、中断した雨中のゲーム。７回に１点を先取され、同点に追い付けなければ降雨コールドが成立してしまう展開だった。

土壇場の２死一、二塁。球児のみんなならどんな気持ちで打席に立つだろうか。「同点打を打って、目立つチャンスだ！」と喜べるか、それとも「打てなかったら負けてしまう。どうしよう」と萎縮《いしゅく》してしまうか。

神奈川大会で打率２割弱だった沼沢は、どちらかといえば内向的な性格だったので細かい指示ではなく、あえて「バットを振れ」とだけ指示した。彼はその通り、思い切りバットを振って初球をライナーで左前に運び、同点にしてくれた。

全力プレーをして結果に結びつかなかったなら、それは仕方がない。勝負は時の運とも言う。ただ、投手なら思い切り投げ込む勇気を、打者なら思い切りバットを振る勇気だけは、忘れないようにしたい。

★すべての人たちへ

選手にどう言葉をかけるか。指導者ならきっと悩むだろう。50年もの間、高校野球を指導してきた私でも、完全な正解は見つからない。一つ言えるのは、選手の性格をよく見極める必要があることだけだ。

私が部長、1973年センバツ優勝メンバーの一人である上野貴士が監督をしていた90年のチームに、高根沢国房という遊撃手がいた。後に大洋(現・DeNA)入りした鈴木尚典と同級生の、シャイな男だった。

監督の上野は人一倍負けん気が強く、反発心の強い選手の典型。現役時代は「なにを!」と向かってくる気持ちを喚起するためにどやしつけ、それがうまくいった。高根沢は少し違い、闘志を表に出すことをためらう。あるとき雑談の中でなにげなく「気が弱いからな」と言ってしまったのだが、これで本人が考え込んでしまって頭を抱えた経験がある。

前年、2年生で出場した89年夏の神奈川大会では実に5割近い打率を残し、優勝の原動力になった選手。実力は間違いない。ところが最上級生となった90年春の県大会、関東大会での成績がいま一つだったため、奮起を促すつもりで、軽い気持ちでかけたひと言だった。ところが、本人は「そうか、俺は気が弱いと思われていたのか」といたく真面目に受け取ってしまった。高根沢は非常にデリケートで頭の良い子で、打てない理由を技術的なことと考え、矯正さえしてもらえれば打てるようになると信じていた。それなのに、凡退するのは気が弱いからなのだと言われてしまっては、やる気が失せるのも当然だろう。

ちなみに鈴木尚典は、打席に立つたびに「タカノリ、一発放り込んでやれ」と気合を入れてやらないと、力を発揮しないタイプだった。特に、ゲームが膠着《こうちゃく》状態に陥ったときには「お前しかいない」とささやくと効き目が大きかった。前述したが、これは周りの選手に気を配り、そばに呼んで伝えるべき言葉だ。

選手個々への対応もそうだが、実技の指導では指導者に「見極める目」が厳しく要求されると思っている。

例えば、打撃で選手がいい当たりをすれば「ナイスバッティング！」とほめる。

本番でそれが出れば、言うことなし。だが、バットの出し方、体のこなしなど、どれをとっても「ナイスバッティング！」とほめたときと同じ打ち方をしたのに、打球が野手の正面に行くことがある。こんなとき、結果だけを見て「なんだ、今のバッティングは。もっとしっかり打たないか！」と口走っていないだろうか。

選手にしてみれば、練習で覚えたことを本番でしっかり実行できたのに、結果がヒットにならなかっただけのこと。ここで指導者にどなりつけられたら、どう打てばいいのか迷ってしまう。だから、きちんと打った結果なのか、否かを見極める目と確かな技術を養うべく、指導者は努力しなくてはいけない。

もし、このときに「ヒットにはならなかったけれど、今の打ち方でいいぞ。その打ち方ができれば、必ずいい結果が出るから頑張れ」と声をかけてやれれば、選手は「よし、次はきっと打つぞ」と前向きになれるはずだ。

一方、誰でもできることをやり切らなかったときには、きちんと叱ること。例えばベースランニング。アウトのジャッジがあるまでは全力疾走すべきで、私はこれを怠る選手は容赦なく叱った。こういうことを放っておくと、チームがほころび、負ける原因になる。

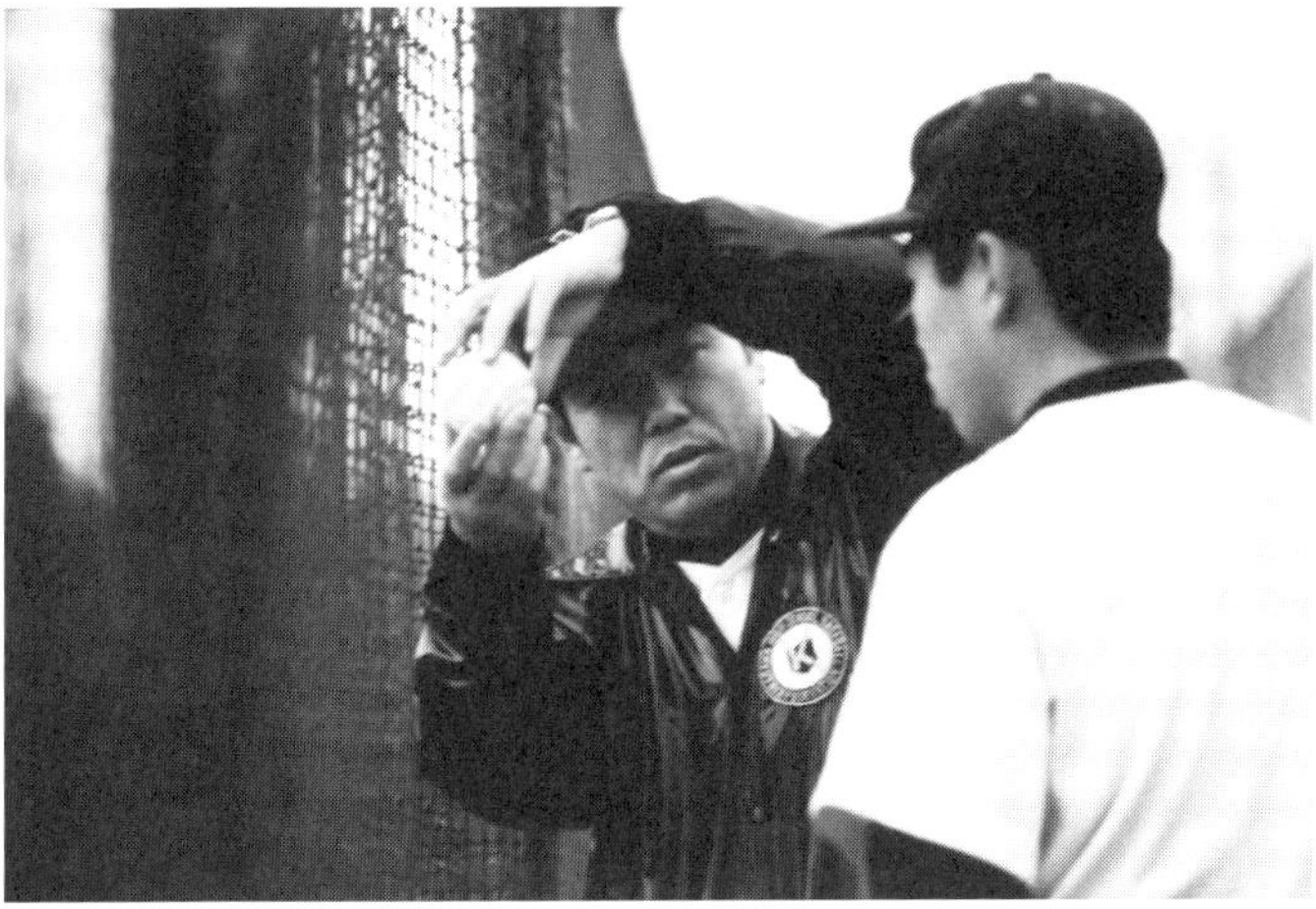

指導者は「見極める目」を養いたい

この試合は絶対に勝つんだぞ

★球児たちへ

1998年夏の準々決勝、延長17回、9－7の大熱戦になったPL学園（大阪）戦の途中で選手にかけた言葉だ。

センバツでも接戦を繰り広げた全国区の強豪とのゲーム。相手は「今度こそ！」と気負って向かってくるだろうから、こちらは試合前、選手に「あまり勝とう、勝とうと思うな。やさしく野球をしよう」と伝えていた。

しかし、互いに点を取り合って試合が動かなくなると、だんだん「こんないい試合をしているんだから、負けたとしてもそれでいいか」という空気になってくる。それを打破しようとあえて「絶対に勝て」と命令したのだ。

選手はこのひと言で目の色を変え、結局、引き分け再試合寸前（当時は延長18回制）に常盤良太の一発で決着した。

いい試合だから負けてもいい、ではない。いい試合だからこそ、勝たなくては意味がない。

★すべての人たちへ

選手はもともと勝ちたいものである。おそらく、監督や責任教諭（部長）以上に勝ちたいと思っているはず。勝ちたい、勝ちたいと前のめりになり過ぎ、周囲が見えなくなるのをストップし、冷静にさせるのが指導者の役割だと私は思っている。指導者まで一緒になって「勝ちたい、勝ちたい」となってしまっては、的確な判断ができるわけがない。だから普段は「勝て」などという指示は出さない。それだけ98年夏のＰＬ学園戦は特別だった。

よく言う「名前負け」も、勝ちたい気持ちが強過ぎるから起きる。選手は強い相手に勝ちたい思いでいっぱいだから、届かない打球を深追いしてみたり、無理な体勢から悪送球してしまったりなどのプレーが出て自滅してしまう。いつものプレーをいつも通りにさせることができれば、どんな相手でも勝負は終わるまでわからない。

若い頃は勝ちたい気持ちが先行していた私も、１９９０年代後半くらいからようやく「やさしい野球」ができるようになってきた。投手なら一人ずつ打ち取る。

守備なら一つのアウトを確実に取る。これが基本。その上で付け加えるとすれば、勝ち進むときは大会中にファインプレーが出ることが多い。

例えば、センター前に抜けそうな当たりを二塁手が好捕する。誰もが「内野安打だろうな」と思う場面で、二塁手が遊撃手にトス。遊撃手が一塁に送球し、アウトにするというようなプレーだ。観客が沸き、球場の雰囲気が一気に自分のチーム寄りになるこういうファインプレーが優勝の呼び水になることは、戦っていてよくあった。

負けたときも「あれが抜けていれば……」や「あれを捕れていれば……」というプレーが必ずどこかにある。指導者は敗戦から勝つために必要だったプレーを考え、次の機会にはそれを試合でできるようにする。私は、こうして引き出しを増やしていった。

「やさしい野球＝確実なプレー」も「10回に1回しかないプレー」も、普段から準備をしておかなければ試合でできるわけがない。横浜高校では、あらゆる場面を想定して練習を重ねている。

あとの2回は楽しんでやりなさい

★球児たちへ

1998年夏の甲子園準決勝・明徳義塾（高知）戦、0－6で迎えた8回の攻撃前に選手に伝えた言葉。相手は全国屈指の強豪。前項の「絶対に勝て」と矛盾してしまうが、さすがの私も負けを覚悟したのだ。

どうせ負けるなら、あとの2回をこの最高のメンバーで楽しみたい。そして潔く甲子園を去ろう。

いつもは「最後まであきらめるな」とうるさい監督の言葉を、選手はどうとらえたのだろう。反発したのか。もしかしたら肩の力が抜け、火事場のなんとかではないが、思わぬ力を発揮できたのかもしれない。試合は8回裏に4点。前日のPL学園戦で延長17回を投げ切った松坂大輔（現・ソフトバンク）が緊急リリーフで9回表を0点で抑え、その裏に3点を奪ってサヨナラ勝ちした。

どうしても行き詰まったときは、体からすっと力を抜いてみるといいかもしれない。ピンチを楽しむ勇気は、ときに大きな実を結ぶ。

★すべての人たちへ

自分でも信じられないひと言だった。

私自身、負けからたくさんのことを学んできて、勝ちっぱなしは危険だというのが持論だが、試合中は最後の最後まで勝つことを追求する。だから、試合中にこんな言葉が自分の口から出るとは思わなかった。

明徳義塾戦はそれほど厳しかった。前日の準々決勝で250球を投げ抜いた松坂は、先発させられなかった。代わりに先発した2年生の袴塚健次、斉藤弘樹も必死で投げてくれたが、それぞれ4回⅔を4失点、3回⅓を2失点で、打線はエース寺本四郎投手（元・ロッテ）の前に7回まで3安打無失点。8回表を終わった時点で明徳義塾は14安打で6点を奪っており、文字通り防戦一方。甲子園で数々の試合を戦ってきた経験から、正直に言って逆転は無理だと思った。

勝負をあきらめたからこその言葉だったが、ここから流れは急展開する。8回に3連打で寺本投手を降ろすと、救援の高橋一正投手（元・ヤクルト）の暴投も絡んで一挙4点。9回表に松坂がマウンドに向かうと甲子園球場全体が、横浜高校の味方についてくれたかのように感じられた。

ただ、後に冷静になって考えてみれば、6点もの大量リードは奪われたが、根本の流れは失っていなかったのである。勝因の一つは袴塚と斉藤の力投だ。え、あんなに打たれたのに？　と思われるかもしれない。しかし、彼らは相手打線におびえて四球を出すなど、崩れて失点したのではない。非常にいいテンポで投げ、バックの攻守のリズムを崩さなかった。だから、失点はしていても「なんだよ、あいつらのピッチング」という雰囲気にならなかった。むしろ「頑張って投げているのだから、なんとかしよう」という空気だった。

指導者は試合を目前に控えると、あれもやらなかった。これもしていないと足りないものばかり探してしまう傾向がある。それで慌てて、自己満足のためだけに厳しい練習を課し、選手の調子を狂わせてしまうことも。

試合前は、選手を安心させるためのやさしい練習に徹するべきだ。やるだけやったら、後は選手を信じよう。選手を信じ、試合に臨もう。

練習してください

★球児たちへ

野球ができるのは、とても恵まれているのだということを、どれだけの球児が理解しているだろうか。金銭的なことだけを言っているのではない。

これは、１９９５年秋のチームでエースナンバーをつけるはずだった丹波慎也のお母さんの言葉だ。１８４センチ、82キロの堂々たる体格を誇り、１４０キロ超の直球を持つ本格派で、一発を期待できる強打者だった少年が、なんの前触れもなく、就寝したまま急逝《きゅうせい》した。秋の開幕まで1週間。あまりのショックで私も、選手たちも、出場取り止めさえ考えた。しかし、一番つらいはずのお母さんが「練習してください。甲子園に行ってください」と背中を押してくれた。

丹波と中学からの同級生だった池浦聡、丹波がいるため外野手に転向していた松井光介(元・ヤクルト)らは、この一言で劇的に変わった。

野球ができるのは、けっして当たり前ではない。今に感謝して、楽しみながら精いっぱい取り組んでほしい。

★すべての人たちへ

私の教え子たちの中でも、丹波は1、2を争う努力家だった。投手陣のメニューが終わったのに姿が見えないな、と思って探すと、自分の意思で走り込んでいるような選手。素質も十分にあった。成績も良かった。生きていてくれたなら、どれほどの選手になったのか。それを思うたび、今でも胸が痛い。

丹波が亡くなったとき、私の頭の中では「練習のさせ過ぎだったんだろうか」「なにか見落としたことがあったのでは」などという考えが渦巻き、彼の思い出ばかりが次々と浮かんで、立ち上がれなかった。それはきっとチームメートたちも同じだったと思う。

秋のブロック戦の開幕まで、わずかに1週間。

丹波という投打の大きな柱がいて、県大会もほぼ1週間おきの開催となる秋は彼に任せようと算段していたから、彼の穴を埋めるだけの投手は用意できていない。彼に代わる4番もいない。だが、一番つらいはずのお母さんから「練習してください。慎也のためにも甲子園に行ってください」と言われては、ぐずぐずしているわけにはいかなかった。

これをきっかけに選手はガラリと変わった。頼るはずの大黒柱を失い、各自がしっかりと意識を持った結果だろう。

一番成長したのは、センターで使うつもりだった松井。優秀な子で、こちらの「言葉」を的確に理解した。当時、１６８センチ、63キロと体格も球威も制球力も丹波には及ばなかったが、カーブ、スライダー、シュートを駆使した打ち取る投球を貫き、チームを春夏の甲子園に導いた。夏は初戦で北嵯峨（京都）・山田秋親投手（元・ダイエー）と投げ合い4安打1失点と力投し、16年ぶりの勝利をもたらした。

池浦も、主将として「慎也のために負けられない」プレッシャーに耐え、再スタート時にはけっして強くなかったチームをよくまとめてくれたと感心している。

この言葉が選手を変えたのは、丹波のお母さんの心からの言葉だったからに違いない。心をこめた言葉は、人を動かすものだ。

コラム 3 50年のひとかけら

1973年センバツ初出場優勝

◇第45回センバツ（1973年）

▽2回戦

横浜 6－2 小倉商

▽準々決勝

横浜 3－0 東邦

▽準決勝

横浜 4－1 鳴門工

▽決勝戦

横浜	000	000	000	1	2	3
広島商	000	000	000	1	0	1

［横］永川－沢木

［広］佃－達川

本 冨田

横浜高校初優勝メンバー	
1	永川 英植
2	沢木 佳美
3	西山 茂
④	高橋 三昌
5	小山 信夫
6	上野 貴士
7	冨田 毅
8	長崎 誠
9	萩原 英一
10	前田 英雄
11	譚 健次
12	吉島 良紀
13	神谷 保之
14	馬場 一晃

夢の夢だった甲子園初出場は1973年のセンバツ。この大会は、剛腕・江川卓投手（法大－巨人）をエースに掲げる作新学院（栃木）が優勝候補の筆頭。銚子商（千葉）や東邦（愛知）、高松商（香川）、広島商（広島）など伝統校が多数、顔をそろえていた。江川投手は前評判通りの素晴らしいピッチングを見せ、準決勝で広島商に敗れたものの、4試合36イニングで60奪三振を記録。甲子園の観客を、おおいに沸かせていた。

我が校も初出場とはいえ、エース永川英植（元・ヤクルト）、大会2本塁打した4番・長崎誠（リッカー）をはじめ投打に素質豊かな素晴らしい選手が並び、戦力で他校に引けを取ってはいなかった。なにより、スパルタ式で同県の東海大相模に負けるな、作新学院・江川を打ってやると日本一長く、厳しい練習を積んできて、私には勝てるという絶対の自信があった。絶対の自信はあったものの、初めての大舞台。自分の采配には若干の不安を抱えていたが、選手たちが意外と落ち着いてプレーしてくれたので助かった。

初戦（2回戦）は小倉商（福岡）に6－2、準々決勝では山倉和博捕手（元・巨人）を擁した東邦に3－0の完封勝利。準決勝では鳴門工（徳島）に長崎の3ランなどで4－1と逆転勝ちし、いよいよあと一つ勝てば目標にしてきた全国制覇、というところまでこぎつけた。

決勝の相手は現在、如水館(広島)を指揮している迫田穆成《よしあき》監督の広島商。エースの佃正樹投手、女房役の達川光男捕手(元・広島)バッテリーを軸に、江川投手を攻略した実力校だった。

試合は互いに打ち合いながら、永川、佃両投手が踏ん張り、0―0のまま延長戦へ。10回表1死一、二塁、佃投手の暴投で1点を先取し、その裏を抑えれば優勝だ。ここまでの苦難が実る。そう、ベンチで思っていたのだが……。

1死二塁、広島商・楠原基右翼手(法大―日本生命)の打球は左翼へ。左翼・冨田毅の守備範囲で「よしっ」とこぶしを握ったのもつかの間、打球は冨田のグラブ先端を弾いて左翼線を転々としていく。二塁走者・金光興二遊撃手(法大―三菱重工広島―広島商監督、法大監督)が生還して同点。試合は再び振り出しに戻った。

スコアボードには「H(ヒット)」が点灯したが、私の目にはどうしても冨田の気の緩みとしか映らなかった。

「戻ってきたら……」

一発殴ってやろうと待ち構えた。

しかし、観客が優勝を祝福するつもりで先走ってグラウンドに投げ込んでしまった、紙テープかなにかを片づけていたのだろうか。そこはよく覚えていないのだが、球場が騒然とする中、冨田がベンチに戻ってくるのがひと呼吸、遅れた。この時間が勝敗を分けた。

冨田は殴られるか、怒鳴り上げられるのを覚悟していたと思う。「すみません」と謝る彼を見て、私自身思いもよらないひと言が口をついた。

「気にするな。次、打てばいいじゃないか」

延長11回2死一塁、その冨田が打席に立った。準決勝までの3試合で13打数3安打の5番打者だ。正直、期待はしていなかった。しかし、佃投手のカーブが真ん中から内角へ流れた2－2からの5球目を、思い切り振り抜いた冨田のバットがとらえた。

ライナーで左翼ポール際にたたき込む決勝2ラン。

4万5000人の大観衆が見守る甲子園で、スタンドに吸い込まれていったあの一打を、私は今でも鮮明に覚えている。

このとき、子供たちの人格を認めてやらない限り、勝ちきれないのだと思い知った。それまでの私は、選手の人格など認めていなかった。現在、野球部OB会長を務めてくれている初期の教え子の一人、稲毛光一などは、きっと私が恐ろしくてならないはずだ。選手が今、なにを思い、どう考えているのか、どんなことをしたいのか。そんなことは想像もしなかった。とにかく勝つために厳しい練習をしさえすればいい。選手の意思ではなく、私の意思を優先していた。

あそこで冨田を殴っていたら、怒鳴り上げていたら、結果はどうなっていただろうか。萎縮《いしゅく》して思い切りバットを振れず、あの一発はなかったかもしれない。決勝ホーマーで痛恨のミスを取り返すことができていなければ、彼の将来にぬぐいようのない暗い影を落としてしまったかもしれない。

子供たちの精神状態を察し、適切な言葉をかけてやることで、彼らの力を存分に発揮させる。それこそが指導者。それを冨田のミスが教えてくれた。

だが、紫紺の大優勝旗を手に新横浜駅に戻ってきたとき、私はこのつかみかけた〝感触〟をあっけなく手放してしまうことになる。

神奈川勢としては、田丸仁さんの法政二以来12年ぶりのセンバツ制覇。もともと高校野球好きな土地柄とあって、駅頭だけで2000人もの人があふれかえっていた。5台のオープンカーに分乗しての市内パレード(現在は禁止)も行い、たくさんの祝福を浴びた。

一夜にしてすべてが変わり、若い私はあっという間に舞い上がってしまった。そのせいで後にさんざん苦しむことになったが、自分のやってきたことが実を結んだこの優勝がなければ今の私はいない。これだけは強く言える。

chapter

3

野球の話

一に全国制覇
二に全国制覇
三に全国制覇

★球児たちへ

私が監督となってしばらく、部訓として毎日、選手たちに唱えさせた言葉。甲子園で優勝された法政二・田丸仁監督、三池工（のち東海大相模）・原貢監督レベルならともかく、新米ほやほやの指揮官が掲げたところで誰からも相手にされない。それどころか笑われてしまったのを覚えている。

第1章でも伝えたが、たとえ今は届かなくても「全国制覇」を目指すという気概だけは持っていたかった。全国制覇をいつか成し遂げるために、目の前の選手に厳しい練習を課し、必死で戦ったことで、5年後に現実となった。

思いが強すぎて空回りばかりしていた時期の、少々気恥ずかしく、でも忘れたくない大事な言葉である。

クリアできる小さな目標を立て、一つ一つクリアしていくことはとても大切だが、大きな目標も忘れないで持ってほしい。

★すべての人へ

この本の第1章で挙げた「目標がその日その日を支配する」というような、観念的な目標を立てることなど思いもよらず、とにかく目先のわかりやすいものを掲げるしかできなかった時代の横浜高校野球部の部訓だ。

横浜高校なら「全国制覇」を掲げても、おかしくないじゃないかと思われる方がいるかもしれない。確かに、1998年の春夏連覇後は全国から来てくれる子供たちがグンと増えた。今も、グラウンドでは「全国制覇」を目指して大勢の部員がしのぎを削っている。しかし、これを部訓にし、毎日、選手に唱えさせていた頃、ウチを選んで入学してくれる〝いい選手〟は県内にもほとんどいなかった。

中学校を回って声をかけても、来てくれるのは学校のある京浜急行沿線の通いやすい所に住む子たちが主で、しかも勉強嫌いの強者《つわもの》ばかり。それでも歴代、潜在能力は高く、厳しい練習に耐えうる素晴らしい体力の持ち主がそろっていた。

彼らをスパルタ方式で鍛え抜き、力づくで勝ち取ったのが1973年センバツでの初出場優勝。このときは東海大相模に、作新学院(栃木)の江川卓投手(元・巨人）に打ち勝つため、とにかくバットを振った。毎日、スイング、スイング、スイング。ノックはその合間に、守備の技術を磨くというより、耐える力、精神力を養うためだけに行った。完全な打撃のチームだった。

選手の人格を認めない一方的な指導に行き詰まりを感じ、高校の大先輩である白幡憲佑師や「横浜友達会」の会長である藤木幸夫さんらの助けを借りて異業種の人たちと交流、寺での修業などに励み、自分を必死で磨いた末につかんだのが、愛甲猛（元・ロッテ）、安西健二（元・巨人）らのいた1980年夏の頂点。自分が選手側に立つことができるようになったのが勝因の一つだと思っている。選手になにかあれば家庭訪問をし、自分のアパートに積極的に下宿させるようになったのも、この頃だ。

1998年の春夏連覇は、言葉だけでは足りない、原点に返って技術的な面を充実させていかなければならないと考え、高校時代の同級生である小倉清一郎・前コーチを呼び戻して二人三脚で得た栄冠だった。

その後、主将の福田永将《のぶまさ》捕手（現・中日）、副主将の下水流《しもずる》昂外野手（現・広島）

らで、2006年のセンバツで優勝させてもらった。このときは、中学時代から全国大会を経験するなど実力のある選手がそろった一方、サインを無視してやりたいことをやるようなチーム。つなぐ野球、一つになることから教えていかなければならない状態からの挑戦で、達成できたときは感無量だった。

5度の全国制覇は、それぞれ違うアプローチを試みて、手にできたものだ。

球児たちへのメッセージとして「大きな目標を忘れないでほしい」と記したが、ここではもう一歩進んで話をしたい。

前述したように、現在の横浜高校野球部も「全国制覇」を目標にしている。しかし、それは、初期の「全国制覇」とは少し意味合いが違っている。

なぜ、甲子園で勝たなくてはならないのだろうか。それは目標を設定し、それを実現するために努力することが、高校野球だけでなく今後の人生においても大切なことだからだ。初めは「勝つための目標」だったが、今は「人間教育の目標」として、選手に示している。

頂上を目指す気持ちは忘れないでほしい

コラム 4

50年のひとかけら

盟友・小倉清一郎コーチ

14年夏で勇退した小倉コーチ(左)と固い握手

私の指導歴を振り返る上で、忘れてはならないのが盟友・小倉清一郎コーチの存在だ。横浜高校の同級生で、1977年は小倉コーチが監督、私が部長で1年間、選手に向き合った。

いろいろな事情で一度、母校を離れて横浜商(神奈川)のコーチなどをしていたが、90年に戻ってきてもらった。子供たちの気質がそれまでとガラリと変わってこちらの言葉が通じなくなり、指導に悩んだことがきっかけだった。

世間では不仲説が飛び交っていたようだが、仲が良くなければコンビを組んだりはしない。ただし実際、ケンカはよくしていた。もともと二人とも細かい野球が好きだが、性格やタイプは違う。いわば水と油。互いに自分の野球観を主張し、二人三脚の再スタート時はなかなか妥協点を見つけられず、怒鳴り合いになることも珍しくなかった。

この頃はちょうど、私は「人間教育＋野球の技術」を追求していこうと腹を決めた時期と合致する。それならば「勝たせる野球」は小倉コーチに任せよう。私は「精神的な部分の教育」を担当しようと考えた。彼はどこに行っても監督をやれる器であることは、認めていたからだ。彼に対抗して私の野球を追求しても、選手は混乱するだけ。小倉コーチの方でも私を「5歳上の先輩」だと考えて精神的面の教育については譲ってくれるようになり、そこから急速にチーム作りがうまく進むようになってきた。

ただし、ぶつかり合いが全くなくなったわけではなく、純粋ゆえに熱くなり過ぎるコーチを止めようと言い争うことは多々あった。勝たせたいと思うあまり練習がハードになり過ぎ、選手がついていけないのだ。それでは本末転倒だが、彼はなんとか耐えさせ、技術を身に付けさせたいと考える。「小倉、そのやり方ではダメだ」「いや、監督は甘い」と何度も何度も口論を重ねながら、共学(=共に学ぶ)精神で互いに成長できたことが大きな実を結んだ。

小倉コーチがいてくれたから、横浜高校の黄金期が築けた。周囲の方々のバックアップも含めて、私一人の功績ではとうていありえない。

高校時代、私は外野手で、小倉コーチは捕手だった。当時は、それほど細かい野球を追求していた印象はない。彼はどちらかと言えば怒られ役。二人の恩師である笹尾晃平監督に、しょっちゅうカミナリを落とされていた。おそらく、東農大やその後の野球生活、指導者生活の中で、春夏連覇時に話題になった「小倉メモ」(=対戦相手の特徴などをかなり細かく分析したもの)に代表されるきめ細やかな野球理論を確立したのだと思う。横浜高校でも担当の授業がなければ野球メモを書いていたほど、本当に研究熱心だった。

コーチで戻ってきてくれた直後は、アルバイトをしながらの手伝い。その後、横浜高校の事務職員となり、やはり高校生を指導するには授業から見ないと、ということで教員免許を取得し、晴れて部長としてベンチにも入れるようになった。

この経緯を私は詳しく聞いていないが、自分も監督をしながら教員免許を取得した経験者なので大変だったことは推察できる。私が推察できるということは、子供たちにも想像できるということだ。コーチから部長になるにあたり、彼が相当の努力をしたことを、子供たちはちゃんと見ていた。その背中を見ていたから、小倉コーチが厳しくしても懸命についていったのだ。それまではどこか距離があった選手たちとも、笑って話したりできるようになった。彼自身に、教員になることでより責任感が生まれたこともあったと思う。

1998年春夏連覇のチームはいい選手、つまり〝賢い〟選手が集まっていた。基本的なプレーはすでにできているから、長い練習は必要なかった。反対に、基本のプレーが身に付いていないチームの練習は、どうしても長くなる。練習時間が短くて済む分、野球以外の項目(トレーニングなど)に時間を回す余裕があった。

ここで小倉コーチと私の意見が割れた。私は体力を付けてやりたいと考え、松坂らにはジムやプールに行かせて体力強化を図った。小倉コーチはより技術を付けるため、練習時間を長く取りたいと主張した。結局、互いにブレーキをかけ、譲れるところは譲り合ったのだが、お互いに自分の考えを貫けない欲求不満は残った。それでも選手たちの吸収力、能力に助けられ、あの偉業を達成することができた。

プロ野球やリーグ戦形式の大学、社会人野球には存在するのかもしれないが、トーナメント方式が基本の高校野球において〝勝利の方程式〟はない。少なくとも私は、そう思っている。

高校生は小さなことで揺らぎやすいし、力のある選手ほど自信のあるプレーでミスをするとガタガタと崩れる。96年夏の3回戦・福井商（福井）戦では、フィールディングのいいエース松井光介（元・ヤクルト）が投前バントを三塁へ悪送球したのをきっかけに崩れて6点を失い、逆転負けした。あれは、動揺を鎮《しず》めてやれなかった私の責任でもある。こうしたことがないよう、精神面の強化を重視して指導してきたが、それができたのも小倉コーチが技術的な部分をしっかりとたたき込んでくれたお陰だ。

ある意味、プロ以上に細かい野球を選手たちに教え、鍛え、基礎を築いてくれた小倉コーチには感謝している。一緒にやれて、良かった。

野球だよ
野球をやればいいんだよ

★球児たちへ

神奈川の指導者で、私が憧れていたのは、1960年夏、61年春の甲子園を連覇した法政二・田丸仁監督と県内の野球に新風を吹き込んだ東海大相模・原貢監督だ。右の言葉は田丸さんの言葉だが、原さんにも同じように「自分の野球をやりなさい」というアドバイスをいただいたことがある。

試合だからといって難しく考えず、いつも練習している、そのチームが積み重ねてきた自分たちの野球をただ貫けばいい。相手の分析は敵を知るうえで大切なことではあるけれど、すべてではない。相手を意識するあまり、相手に合わせた野球をしてしまっては、勝てる勝負も勝てなくなってしまう。

たくさんの人が見ている前で、格好良く投げたい、打ちたい、ファインプレーをしたいと思う球児は多いはずだ。だが、よそゆきの野球はしない。欲張らず、地道にプレーすることが、勝利への一番の近道だ。

★すべての人たちへ

柴田勲投手（元・巨人）らすごい選手たちを率いて、選手が入れ替わるため難しいと言われる夏春連覇を成し遂げた法政二・田丸監督はその後、法大監督、プロ野球・東京オリオンズ監督、阪神のスカウトなどを歴任した辣腕《らつわん》だ。守備をしっかりと固め、打撃では右打ちを徹底。緻密《ちみつ》な野球で一代を築いた名将には、法大監督時代に目をかけてもらい、野球理論を学ばせてもらった。

東海大相模の原監督は、三池工（福岡）で1965年夏の甲子園を制し、その5年後には移籍した東海大相模で頂点に立った。田丸さんのような緻密な野球が主だった神奈川に、豪快な打撃で新風を吹き込んだ。私は原さんの「打って、打って、打ちまくれ」という野球に魅力を感じ、なんとかそれを超えようと、当時はどこよりも厳しい練習を選手に課していた。日本一厳しく、長い練習をしさえすれば勝てると信じて疑わず、選手にはずいぶん無理もさせた。

しかし、それでもなかなか勝てない。そんなとき「野球をすればいい」「自分の野球をやりなさい」という言葉をいただいた。振り返ってみれば、公式戦で対戦すると、私は東海大相模ベンチで悠然と構える原監督の一挙手一投足だけに集中していた。自分の選手たちがどう動けるか、どうプレーできるかではなく、原さんがなにをしてくるのかばかり気にしていた。それではチームの指揮を執っているとは言えない。

相手がどうするかではなく、平常心の保てない、プレッシャーのかかる公式戦で、いかに自分たちの練習してきたことを出すか、出させてやれるか。そこに集中できるようになって初めて、勝つことができるようになった。物事は、シンプルに考えた方がいい。

実は、負け続けて迷っていたとき、東海大相模の練習を見学させてもらったことがある。打撃練習でナインが見せた素晴らしい打球に見ほれた。「さすがだな」とうなった。しかし、原さんから返ってきたのは意外な言葉だった。「守りに不安をなくしておいてから、打撃に専念させて、ようやくここまで打てるようになったんだよ」。豪快な打撃ばかりが目立ったが、ベースにあるのは守備だったのだ。

さらに「ウチはよう打つよ」――。このひと言で、選手に自信を与え、力を引き出していた。

自分の目で見て、言葉で聞いて、初めて分かることがある。私はそれ以来、できるだけ多くの人と会い、さまざまな話を聞かせていただくようにした。1973年センバツ決勝で戦った広島商（広島）には、同校の伝統的な練習「白刃渡り」を見に行った。松山商（愛媛）・三沢（青森）の伝説の決勝戦に心を打たれ、松山商の一色俊作監督を訪ねて練習を見学させてもらった。うわさ通りの走りっぷりで、一日いて選手が走っている姿しか見られなかったのは衝撃だった。野球界以外の人も含めてよく聞き、よく話し、その中からヒントを探し、試行錯誤を重ねてここまでやってくることができた。

ライバル意識が激しく、けっしてなれ合わなかった昔でも、田丸さんや原さんのように後輩を育てようとしてくれた人はいた。監督会や指導者講習会が全国的に開かれるようになった今なら、なおさらだ。頭を下げて、教えを請えば、受け入れてくれる指導者はたくさんいる。ベテランと呼ばれる人たちも、若くて熱心な指導者の質問から学ぶことはある。

野球だけではない。素直に目の前のことに取り組み、わからないことや疑問に思うことは素直に聞く。そして得られたものを自分なりにかみ砕き、必要なのか、いらないかを判断する。この姿勢が大事だと思う。

あまり胸を張って言えたことではないが、ときには矛盾したことを選手に伝えてしまうことがある。過去に、私の言うことはすべて「はい、はい」と受け入れ、逆らったことのない選手がいた。けっしてイエスマンではなく、むしろ頭のいい子で「監督の言ったことは、とにかく実践してみよう。反論するのは、それからでも遅くない」と考えていたようだ。野球は特別うまくはなかったが、強力なライバルを押しのけてレギュラーを獲得、キャプテンまで務めた。素直な人間は伸びるといういい例だ。

笹尾野球と高橋野球

高校時代の恩師・笹尾晃平監督の指導は超スパルタ方式で、それが私の指導のベースになったのだが、もう一人、恩師と呼べる人がいる。それが笹尾監督の後任で、私の前に指揮を執った高橋輝彦監督だ。

20歳そこそこの若者が、コーチ経験もせずにすぐ監督では荷が重いと学校側が判断したのだろう。横浜高校野球部の将来を見据えて、私に3年間の修業期間をくれた。高橋さんは東都大学リーグ・専大の黄金期を築いた名将で、スパルタ式指導とは対極の紳士野球を貫かれた方だ。包容力、技術、説得力があり、選手に対しても常に紳士。鉄拳ではなく、理詰めで野球を説かれた。

また、エースが一人で倒れるまでガンガン投げ抜くのが当たり前だった時代に、複数投手制を採用。一方的な指導ではなく、教わったり、見たりしたことの中から、自分で考え、創意工夫してやってみることが求められた。それまでとは180度違う方法に、選手も私も、カルチャーショックを受けたといっていい。

残念なことに、このやり方では当時、結果が出なかった。スマートさでは勝てないと考えたから、私は笹尾野球をそのまま継承したのだが、だいぶん後になってようやく高橋野球の真髄《しんずい》を理解できた。間違いなく、私の野球の源流の一つになっている。

もう一つ、私に影響を与えたのは米国野球だ。横浜高校のOBで、私の先輩にあたるタレントのミッキー安川さん、報知新聞社の元アマチュア野球担当で、今でも家族ぐるみで付き合いのある中山伯男さんたちと研修旅行に行き、ロサンゼルスの名もない学校のグラウンドで練習を見た。

一人の選手がミスばかりしているのだが、指導者は怒るどころか選手と一緒になって「メリー・クリスマス」と笑うばかり。そのときは3月で、なぜメリー・クリスマスなのか全く見当もつかない。通訳もわからないと言う。改めてその選手のプレーを見ると、三塁に投げなければいけないところを二塁にばかり投げている。「メリー・クリスマス＝季節外れ＝

とんでもないところに投げるなよ」という意味だった。何度か言われるうちに、ミスばかりしていた選手は自分のミスに気が付き、三塁に投げるようになった。

このとき「野球は本来、楽しいもの」ということが、思い出された。私もそうだが、楽しくて始めたはずの野球がどこで苦しい、つらいだけのものになってしまうのか。一方的に、ガツガツと教えるだけの野球ではなく、伸び伸びやらせることがいいのではないかと思った。

もっとも、米国野球はそのまま採用するには難があった。例えば丸刈りにしなくていいと許すと、選手はさっそく長髪にし、ペンダントまでし始める始末。それではダメだと言っても、一度緩んだタガはなかなか戻らない。つくづくその国、土地に合った野球があると思い知った。今は、日本の野球に伸び伸びの要素も加えられるようになったが、これも実際に現地に足を運び、やってみた結果、学べたことだと考えている。

1987 年に完成した野球部専用の長浜グラウンド。
今でもここで、たくさんの球児が汗を流す

先輩のチームと比べるな

★球児たちへ

たとえ同じ学校であっても、その代、その代に長所、短所があるし、強打だったり、守備力だったりと持ち味も違う。だから先輩たちのチームと比べて「あれが足りない」「これができていない」と悩まないでいい。

悩まなくていいけれど、その代わり先輩たちのいい所、さらに後輩たちの尊敬できる部分はマネをしてみてほしい。そのうえで、自分たちの長所を探し出し、プラスすることができたら、きっといいチームになるはずだ。

では、自分たちの長所はどうやって見つけたらいいのだろう。チームメートをじっくり観察するところから始めよう。今年のエースは速球派なのか制球重視で打たせて取るのか。ホームランバッターはいるのか。内外野の肩はいいか、足は使えるか。もし、外野手の肩が弱いならカットを多く入れればいい。弱点も、全員で補い合えば弱点ではなくなるから心配ない。

どこにも負けない自分たちの特長を探して磨こう。

★すべての人たちへ

球児たちには「先輩のチームと比べるな」としたが、ここでは指導者向けに「昔のチームと比べるな」を付け加えたい。どれほど旧チームからのレギュラーメンバーが残っていようとも、夏が終わればチームカラーは変わる。指導者は1年ごとに頭をガラリと切り替える必要があると思う。

私の失敗例はたくさんあるが、特に勉強になったのは1987年のチームを育て切れなかったこと。当時、プロ野球選手を父(準一さん)に持ち、自身もプロから熱視線を浴びていた高井一(元・阪神)が投打の軸だった。1年生からチームの中心で、2年夏の神奈川大会では左右両打席で横浜スタジアムに一発をたたき込む離れ業をやってのけた実力の持ち主。彼が最上級生になったチームには、拓大、社会人野球のトヨタ自動車を経てプロ入りした高橋建(元・広島)ら相当な選手がそろっていた。

80年夏Vの愛甲猛(元・ロッテ)、安西健二(元・巨人)たちのチームに勝るとも劣らない陣容。私はこれで勘違いをしてしまった。「ここは一つ、じっくり仕上げて最高のチームにしよう」と、チームの理想ではなく、私の理想を追いかけてしまったのだ。高井がホームランを打てば、そのホームランの打ち方より、もっといい打ち方があるはずと考える。エースが完封勝ちしても「まだまだ、こんなもんじゃない」と常に満足することができなかった。目では現実のチームを見ていながら、頭の中では空想のチームを作ろうとしていたのだった。

結局、この代は甲子園に出場できなかった。夏が終わった後にしっかりと白紙に戻し、チームを練り直して秋に勝負をかけて成績を残す。そしてセンバツ、夏の神奈川大会と段階を踏んで進ませていたなら、全国優勝までは届かなかったかもしれないが、甲子園で活躍できるチームになっていたと思う。

愛甲のときのイメージがいつも私の頭の中にあり、それ以上のチームを作らなくてはと考えてしまった時点で、すでにそのチームの個性は失われてしまった。最終的にはなにもかも中途半端に終わり、選手にはすまないことをした。

73年春のエース永川英植(元・ヤクルト)は人一倍、大きな体をいじめ抜いて剛球を投げられるようになり、甲子園で躍動した。なかなかの強者《つわもの》で、私もときにははったりをかましながら育てた主砲・長崎誠らの強打がバックアップし、初優勝をもぎ取った。

80年の愛甲は、アイドルとしてもてはやされる中、スマートでクレバーな投球を披露。愛甲の控えで優勝投手となった川戸浩の泥臭い努力などもあって、悲願だった夏を制覇した。

高井のチームは、このどちらにも当てはまらない、私にとってはまったく新しいタイプのカラーがあった。それなのにそれを、愛甲のときのようなチームにし、なおかつそれ以上にと欲張った「私の思い上がりと気負い」が壊してしまった。

チームはその代、その代で特長が違うものなのは、いまさら言うまでもない。まして昔のチームをイメージしたり、意識したりしては前進がない。時代の流れに逆らって成功するのはまれだ。先輩たちの栄冠に至るまでの練習ぶり、生活態度を選手に話して聞かせ、参考にさせるだけで十分だと思う。

永川や愛甲、近いところで言えば松坂大輔（現・ソフトバンク）、筒香嘉智（現・

DeNA)らを追い越すような、中心となるべき選手は、自然と先輩たちと同じように、自分で自分に過酷な練習を与え、上昇していく。それを信じ、ときおりアドバイスを送りながら待てばいい。彼らに引っ張られるように、チームは一つの形を作っていくだろう。

だいたい、今の子供たちに70年代、80年代にしていたような練習をさせたら、たちまち故障してしまう。これはきっと、全国のどこのチームにも当てはまることだと思う。できないものを求めても仕方がない。今ある戦力で、最高のものを目指す努力が、チーム作りの基本である。

球児たちへの項目でも触れたが、たとえば外野手の肩が弱いのであれば、普通はカット1枚の距離なら2枚入れればカバーできる。速い球が投げられなくても、打者のタイミングを外せればヒットは打たれない。

勝たせてやりたいのなら、必死で頭を使おう。

ノック

★球児たちへ

バッティングは好きだが、ノックはあまり好きではないという球児は多いのではないか。確かにきつい。シートノックなどでは、エラーや悪送球をして、チームメートに迷惑をかけたくないというプレッシャーがあるかもしれない。

しかし、ここで考えてほしい。ただノックを受け、ミスしなかったから良かった、で終わるのと、周囲の観察もしながら受けるノックはまったく違う。

自分の技術を磨くこと。それが第一。あと一歩届かないあの打球を捕るためには、どうしたらいいか。例えば体力を付ける、足を速くする。実際に捕球できている先輩や仲間が、どうやって捕っているのかを観察してマネするのも方法だ。

さらに、仲間の肩はどうなのか、捕球技術はどうか。得意なこと、苦手なことはなにか。そういうことを知っておけば、足りない部分をフォローすることができる。自分の足りない部分を知ってもらえば、カバーしてもらうことができる。

ノックはチームのベストな守りを探す練習でもある。

★すべての人たちへ

若い指導者に多いのだが、張り切り過ぎて選手がまったく取れないノックを打つことがある。厳しくすればいい、と思っている指導者にも会ったことがある。しかし、それでは練習にならないと思う。

守備は捕るだけではダメ。投げるだけでもダメ。相手の打者なり、走者なりを〝殺して〟初めて完成する。そのため、守備練習は可能な限り、投手をマウンドにつかせて行う方がいい。投手が動いてからノックを打ち、そのボールに対して実戦同様に全員が動く。常に実戦を想定しなければ、練習のための練習で終わってしまうと肝に銘じたい。

ノックはどう打つか。私のやり方を紹介すると、センスのある選手に対しては、正面の緩いゴロをしっかりさばけるように指導する。下手な選手には、体を投げ出してようやく届くようなゴロを左右に打つ。

上手な選手にやさしいゴロで、下手な選手に難しいゴロ？　逆じゃないの？　そう思われるかもしれない。しかし、うまい選手はなにをやらせてもうまいものだ。指導者は、そのうまさを「体が忘れないように」してやればいい。そのためには、足の運びやグラブ操作を一つ一つ確認できる平凡なゴロをさばかせて、基本動作の徹底に努める方がいい。もちろん、ときには強烈なゴロを転がして、さまざまなことに対応できるようにすることは、言うまでもないだろう。

では、下手な選手に難しいゴロを打つのはなぜか。体の左右に強くて速いゴロが来たら、選手はどうするか。まずは、体をめいっぱい伸ばしてボールを捕りにいく。それでも届かなければ、体を投げ出してボールに飛び付いていくはずだ。体を投げ出すことに勘の良しあしはあっても、うまい下手はあまり関係ない。それは、思い切り飛び込む勇気があればできる。

そこで、選手がボールをグラブに納め、なおかつ素早く立ち上がって一塁にきちんと送球できたら、徹底的にほめよう。ほめられれば選手は喜ぶ。この積み重ねで、選手は苦手意識を持っていたことに自信をつける。自信がつけば、正面のゴロでも勇気を持って処理できるようになる。後は、反復練習で自然と体の使い方を覚えていくものだ。

さらに、指導者も「選手を見極める目」を養う必要がある。それには選手の動きをじっくり見ることだ。シーズン中はなかなかできないかもしれないが、オフなら時間はたっぷりある。一日1人、いや1人に2～3日かけてもいい。選手をじっくり観察することで、分かることはたくさんある。

さて、なにを見るのか。

私の教え子で、フットワーク、肩、ガッツのどれをとっても抜き出ていた三塁手候補がいた。バッティングも良く、ほぼ定位置獲得かと思ったのだが、勘のいい動きで打球に追い付いて捕球態勢に入り、グラブとボールが重なった瞬間に、グラブでボールを弾くことが再三、あった。なぜだろう。最初はレギュラーの練習に抜てきされて緊張しているのかと考えたが、いつまでたっても弾く。観察してみると、ボールを捕る瞬間、くるっとグラブを返していた。要するに、ボールを捕る瞬間までグラブの背中をボールに向けておき、捕球の瞬間に手のひらの方をボールに向け直していたのだ。

このように選手の手の上げ下ろし、走るときの足首の動かし方など、特定部分だけを定点観測すると、一人一人の違い、個性が分かる。このやり方なら、一度基本を頭に入れてしまえば、その日その日によって変わる選手の変化がわかるようになる。そこから選手の体調、好不調を見極めることもできるようになる。

また、創意工夫、アイデア心を忘れないでほしい。

横浜高校に専用グラウンドも、照明設備もなかった時代、日が暮れてからノックをするために、中古自動車を買ってそのライトを照明代わりにしたことがある。グラウンドは明るくなったが、真正面からライトを浴びる選手はまぶしくて打球が見えない。見えないから落とす。落とすと私がカミナリを落とす。選手は怒られたくない一心で低い姿勢で捕ることを覚えた。

見えないことに気付かなかった私の想像力のなさは今となっては恥ずかしいけれど、懸命に考えて工夫したからこそ結果も生んだと思う。

chapter

4

考え方のヒント

学校は人間としての器を大きくするための場所

★球児たちへ

学校は勉強のみを教わる場所ではない。「5段階評価でオール5」を取りさえすれば、社会で成功できるのか。そんなことはない。学生時代は成績が悪かったけれど、社会に出てからめざましい活躍をしている人はたくさんいる。

こういうことを書くと「なんだ、勉強はしなくていいんだ」と言い出す子が出てきそうだが、勉強は人生の選択肢を増やしてくれるものだ。例えば、どれだけ入りたいと思っている高校や大学、会社も、一定の成績がなければ入ることはできない。だから今、頑張っておいて損はない。その上で言わせてもらえば、人間は礼儀、人との付き合い方など「教養」を身に付けてはじめて、「学んだもの」を本当の意味で使うことができるようになる。どちらが欠けても成り立たない。

人生の先輩に「教養」を分けてもらうには、自分から一歩、近づくことが大切だ。ただし先生や保護者も人間。ときには間違うこともある。そうしたものも含めて全部、器を大きくするための材料にしてほしい。

★すべての人たちへ

学校の先生も学習塾の先生も、勉強だけを教えていればいいと思っていたら大間違いだと思う。保護者も、学校の先生にすべて任せていればいいと考えたらアウト。子供たちを教育するということは、彼らが自分で人生を渡って行ける力を付けてやることだ。学校は子供を良くする場所であり、ダメにする場所でもあるということを、理解しておかなければならない。

教養を身に付けさせることは、勉強を教えるより難しいと思う。指導者の人間性が試されるからだ。人が人を教えるためには、絆が必要。子供たちは常に、保護者、指導者の背中を見ている。身だしなみはきちんとしているか。挨拶はしっかりできているか。たとえ一流大学を出た優秀な先生であっても、口と行動が違う先生を子供は信用しない。

逆に、子供たちに魅力を感じてもらえたら強い。能力自体は10段階で5くらいの平凡な教育者、指導者であったとしても、子供たちが教えをしっかりと受け止めることで、6にも7にも伸ばしてくれる。そのためには、子供たちの心を開く必要がある。媚《こ》びるのではない。あくまで開くのだ。

かなり昔のことになるが、新聞記事でウチに負けた日大藤沢（神奈川）の選手が「監督のために50％、自分のために20％、チームのために30％という気持ちでやっています」とコメントしているのを読んだことがある。選手にここまで思わせる監督って、すごいなと感動した。そして、これを自分の指針にした。

選手のためにやってやろう。

学校のためにやってやろう。

そして、自分のためにやってやろう。

そんな気持ちを持って、ここまでやってきた。

もしかしたら、開き方がわからないという先生、保護者もいるかもしれない。開き方に一律の方法はないから、私から伝えられるとすればヒントだけだ。まずは単純に子供を好きになればいいと思う。好きなら、どうしたらいいか必死で考えられる。必死で考えれば、アイデアは浮かんでくる。

また、絆を結ぶためには、互いに相手に近寄る必要があるが、子供と大人、どちらがより近づくべきか。考えてみればすぐに分かるはず。経験の浅い子供より、経験を積んだ大人が一歩、余分に近寄るべきだと思っている。今より一歩、子供たちに寄り添ってみてはどうだろうか。

この言葉は、教え子の一人で神奈川県高野連の名塚徹・前理事長が、私の指導50年間を慰労してくれた会合で「印象に残った監督の言葉」に挙げてくれた。覚えていて、しかもそれを実践しようと頑張ってくれていることがなによりうれしかった。

神奈川県では球場に多くの観客が足を運び、
選手たちを育ててくれている

見守る勇気

日本の野球は(これは現在の教育、子育てにもつながると考えるが)少し教え過ぎではと思っている。手取り足取り丁寧に教えることも大切ではあるけれど、ときには観察しながら、見守ることも大切ではないだろうか。

少し前のことになるが、慣れない寮生活で精神的に参ったのか、チームメートと折り合いが悪くなったのか、「野球をやめたい」と言い出した九州出身の選手がいた。レギュラーではなかったが、控え選手でも預かった大事な子供に違いはない。はい、そうですかとやめさせるわけにはいかなかった。

結局、「寮にいたくない」ということでいったん実家に戻し、落ち着いた頃、保護者が説得をしてくれて学校に戻ってきた。しかし、しばらくするとやはり「寮にいたくない」と言う。さて、困った。

愛甲猛(元・ロッテ)らの頃は、家族4人で暮らすアパートに選手を下宿させることは珍しくなかった。幼い娘二人を抱えて女房(紀子《みちこ》)はさぞ大変だったと思うが、よく面倒を見てくれ、お陰で選手たちも高校生活を全うできた。しかし、この頃はすでに寮が整備されていて、さらに家には孫の佳明(横浜高—現・明大)たちが一緒に暮らしていた。選手を下宿させることはしていなかったのだが、こうなっては仕方がない。幼かった佳明の部屋を取り上げ、彼に使わせることにして引き取った。

それからはいつも私の家族と一緒に行動した。休みの日に外食するといえば一緒。家族サービスで佳明をどこかに連れて行くときも一緒。そうこうしているうちに、気持ちが落ち着いてきたらしい。「寮に帰る」と言ってきた。「佳明ちゃんの部屋を、自分がずっと使っているのは申し訳ない」と思ったようだ。彼もその後は頑張り、なんとか最後までやり通させることができてホッとした。

先走って私が諭さなくても、ちゃんと彼は状況を見て、自分のすべきことを自分で考え、選ぶことができた。彼が一歩踏み出すまで少々時間はかかったが、待ってやれて良かったと思う。

親の過度な期待を背負って入学してきて、そのプレッシャーにあえぐ子。親元を離れて不安定になる子。高校にはいろいろな子がいる。まだ子供なのだから、対処の仕方がわからないのも当たり前だ。だが、すべて手をかけてしまっては、自発的な成長は望めない。教えてやりたい気持ちを、ギリギリのところまでこらえる忍耐力、待つ勇気は必要だ。これは保護者にも言える。

一方、生意気盛り、育ち盛りの中学生、高校生の、自発的な成長ばかりを待っていられない場面も多々ある。指導者と教え子として、ともに頑張れる時間は3年間しかない。子供たちにすれば「頑張りたいけれど、どうしたらいいかわからない」ということもあるだろう。

正解はすぐには教えない。けれど、彼らが自分で解決する力を、常に引きだそうと刺激する努力はし続けなくてはならない。

ときには子供の成長を待つ勇気、
見守る勇気も必要だ

殴りたくなったら

★球児たちへ

ちょっとした言い争いが、思いがけず大事《おおごと》になってしまい、思わず友達に手を出しそうになったことはないだろうか。

人間だから、腹の立つこともある。許せないと思うこともある。特に口のうまくない男子生徒であれば、口より先に手が出てしまう、という流れも理解できないことではない。

しかし、そこでグッとこらえてほしい。

手を出してしまえば、理由はどうあれ、手を出したことへのペナルティーを受けることになる。最悪、大好きな野球をあきらめることになるかもしれない。

君がもしいなくなったら、悲しむ人はいないか？　君と一緒に野球をしたい、と頑張ってきたチームメートの思いを裏切ることにならないだろうか？

激情をこらえるのは自分のためであり、支えてくれる周囲の人のため。だれかが悲しむことを想像できれば、手は引っ込むはずだ。

★すべての人たちへ

甲子園塾などで若手の指導者（甲子園塾では年齢に関係なく指導歴10年未満の指導者を対象にしている）に接すると、だいたいこの質問が出る。

「ときどき、本当に生徒を殴りそうになることがあるんですが、どうしたらいいでしょうか」

私も昔はスパルタ、スパルタでやんちゃな生徒をガンガン鍛えてきたので、気持ちはよく分かる。中学、高校生の年代は反抗期もあって、なかなか素直に人の話を聞かない。何度言ってもわからず、それが学校、部活動、社会に迷惑をかける行為なら、殴ってでも改心させたいと思ってしまうことだろう。ある意味、この子をなんとかしたいという熱意の表れでもある。授業だけでなく、生活面でも子供を育てたいと思っていなければ、そんな気持ちも起こらない。

だが、今は時代が変わった。だからあえて「殴ったら負けだ」と答えるようにしている。

極端な例になるが、打撃を教えていて、体の回転はこうだぞと力を入れて体を回転させただけで「痛かった。暴力を振るわれた」と言われてもおかしくないのだ。社会の風潮が「体罰厳禁」である以上、真っ正面から手を出してしまっては、ペナルティーは免れない。

ペナルティーが謹慎程度で済めばいいが、学校によっては「即免職」もありうる。では、あなたが免職になって、だれが喜ぶだろうか。あなたに指導を受けたくて、その学校に入学してきたほかの生徒の気持ちはどうなるのか。あなた自身の生活はできるのか。家族がいたなら、家族ごと路頭に迷うことだって起こりうる。そういうことを考えれば、手は出ない。

私は全国で優勝させてもらったことで、「なんだ、頂点にまで立った監督が、力でしか生徒を指導できないのか」と思われるのが悔しくて、必死で力以外での指導法を探した。

殴りたい衝動にかられたら、大きく一つ、息をつこう。感情で生徒を叱っても、生徒の心は動かない。むしろ、殴られたことに対する恥ずかしさや恨みが募るだけで、逆効果になる可能性の方が高い。

どうして殴りたくなるのか。それは、自分のスタンス側からしか物事を見ていないからではないだろうか。「こうすべきなのにしない。何度言っても言うことをきかない」。これは事実だが、自分の考え通りに動いてくれないことにイライラして、それをぶつけていないだろうか。

すべては相手があってのこと。なぜ、すべきことをしないのか。言うことを聞こうとしないのか。答えは生徒の中にあると思う。だから生徒と一緒に泣こう、楽しもう。彼らの中に入り込むことで見えてくるものもある。反抗の背景を探れば、解決の糸口はきっとある。

殴る、殴らないの問題から少し離れてしまうが、横浜高校に尾関一旗(現・日大)という選手がいた。主将で、2012年のセンバツ8強入りに貢献した捕手だったが、しっかりしろと私たちによく叱られていた子で、プレッシャーもあってよく泣いていた。

彼は大阪出身。横浜高校では月曜日をオフにしていて、合宿所住まいの子でも自宅に帰ることができる。しかし、彼は遠方からの入学組なので、オフになっても帰る所がない。弱音を吐くところがどこにもなかった。

それに気づき、ときには食事に連れて行ったりした。だからといって特別、野球のことを話すわけではない。野球のことについてなにも話さなくても、食事をするだけで彼に伝わるものはあったと思う。この一件で、高校生は体だけは大人のように見えても、まだまだ心は子供なんだなと再確認した。

不安定な心の背景に気付けば、力づくで言うことを聞かせなくても済む方法も見つかるのではないか。

準備をしよう

★球児たちへ

みんなは、野球部の指導者、学校の先生、保護者からよく「準備をしなさい」と言われていることだと思う。

準備って、なんだろう。

授業だけでバッチリ理解できて、100点を取れてしまうような生徒ならともかく、普通はテストの前に試験勉強をしないと合格点は取れない。勉強なんか、いいじゃないかと思うかもしれないが、成績が足りないばかりに行きたい高校に行けなかったら悔しいはずだ。行きたい高校がどのくらいの成績が必要なのかを把握して、それをクリアするために勉強する。

同じようなことが野球やそのほかのことにも言える。目標を立てる。これから起こることを予測する。こういうことが頭に入っていないと、本当の準備はできない。指導者から言われた練習をただこなすのは無意味。この練習はどんなときに役立つのか、なぜ必要なのか。それがわかれば、よりしっかりとした準備ができる。

★すべての人たちへ

甲子園塾の〝生徒〟たちは現在、「詰め込み教育で育った教諭」と「ゆとり教育で育った教諭」が混在している。

ゆとり教育時代を批判するつもりはないが、この方式で育った教諭たちは比較的のんびりしている印象だ。おそらく、あまりせっぱ詰まったことがなく、そういう状態の中で考えて結論を出さなければいけない経験が少ないから、危機感が薄い。危機感が薄いから、なにか突発的なことがあったときに動揺し、考えなしにわーっと手を出してしまいかねない。

２０１１年3月11日に東日本大震災が起こり、たくさんの命が失われた。未曽《みぞ》有《う》の大災害ではあったが、後に被害に遭われた方たちの話を聞くとやはり「準備」の大切さを強調しておられた。津波のときは、たとえ家族がバラバラになっても、それぞれがまず高台に避難する。火事が起きたら、煙に巻かれて窒息死してしまうことがあるのだから、煙を吸わないようにする。そういうことを頭に入れて、日頃から訓練しておく。それが「準備」だ。ちなみに私はバスに乗るときは、できるだけ非常口の近くに座る。なにかあったとき、すぐに行動できるように。

野球の場合は、全力疾走を心がけることが第一歩。普段はいい加減に走ってい て、ピンチやチャンスで急に全力疾走をしようとしてもできるわけがない。常に全力疾走しているのなら、緩めるべきときに緩めることが可能だ。

また、全力疾走をすることで、自分の限界点も分かる。限界を知っておけば、余裕を持って事に当たることができる。限界を知らなければ、どこまで自分の体が動くのかわからず、なにをするにも手探りになってしまうだろう。

ゆとり教育でのんびりと育った先生たちも、ここからは自分の考え方次第でいくらでも変われるはず。頭の訓練も、体の訓練も、まだまだ十分、間に合う。すべて生き物は、使わない筋肉は衰える。手も足も目も耳もそう。脳だって意識して使わなければ、いざというときに働かない。

試合でなにが起こりうるのか。それを乗り越えるために、どんなことをしておくべきか。めいっぱい考え、生徒と一緒に準備しよう。

人間は変えられなくても演技はできる

★球児たちへ

私が母校・横浜高校野球部のコーチ、監督になったとき、教員免許を持っていなかった。最初は事務職員、その後は臨時免許状を取って臨時体育助教諭の立場で指導を続けていたが、当時の黒土創校長の勧めもあり、関東学院大2部（夜間）に通って教員免許を取得することを決意した。

30歳を過ぎたいい大人が、20歳そこそこの同級生と机を並べて学ぶ。最初は気恥ずかしかったが、生徒側の目線を経験することができたのは大きかった。とはいえ、やはり大人は大人。私という人間が、20歳の子と同じに変わったわけではない。彼らに合わせる術を編み出したということだ。

人間の本性は、そうそう簡単に変わらない。変われなくてもいいが、社会に出れば周囲の歩調に合わせることが必要な場面も出てくる。演技でいい。相手に寄り添おうという気持ちがあれば、自然に歩調は合ってくるはずだ。

★すべての人たちへ

時代に合わせて変わってきたから、50年もの長い間、私は高校生の指導を続けさせてもらえたのだと思っている。

こう言うと、自分を変えるなんて難しそうだと思ってしまうかもしれないが、そうではない。自分の信念まで変える必要などない。実際、私も指導を始めた当初から、信念は変えていない。メールを活用するなど、子供たちへの接し方、自分の考えていることの伝え方の部分を変えてきただけである。

指導者としての基盤を固め、生活を安定させるため、周囲の勧めに後押しされて大学に通い始めたのは１９７６年、私はすでに32歳になろうとしていた。監督業、神奈川県高野連の仕事と夜学の両立が果たしてできるのか疑問だったし、教え子たちが通っていることもあって、正直に言えば今さらの学生生活に抵抗もあった。監督としてさんざん厳しく指導した生徒たちと、机を並べて学ばなければならないからだ。

それでも途中で挫折しては、せっかく「正式な教員に」と言ってくれた人たちに失礼になる。選手たちには申し訳なかったが、練習を途中で切り上げさせてもらい、午後6時から午後9時半までびっしりと講義を受けた。授業が終わればすぐに学校に戻り、寮の3階で素振りをする選手に付き合った。忙しくてたまらない生活はしかし、選手とのコミュニケーションを密にすることにつながり、個人的な触れ合いも生まれるというご褒美をつけてくれた。

最初はお互いになんとなく遠慮のあった大学の〝同級生〟たちとも、スポーツの話、雑談をするうちに、人生を語り合うまで打ち解けた。私からすれば教えられる側の思い、立ち位置、状況を確認できた貴重な時間だった。その上で思ったのは、やはり自分の本質を変えることはできない、難しい、ということだ。

20歳の子と仲良くなったからといって、私自身が20歳の子と同じになるわけがない。しかし、この経験は、子供たちの目線に合わせる技術を身に付けさせてくれた。20歳の子にはなれないが、20歳の子の感覚を演じることはできる。「演じる＝だます」ではけっしてない。一歩、近づくための手段と考えればいい。

メールもそうだ。60歳を過ぎた私が選手とメールをやりとりしていると聞いて、驚く人は多かった。目と目を見て話をする、会えないまでも電話で直接話をすることに慣れている世代には、少し違和感がある。それでも、今どきの子供たちにとっては当たり前のツール。私は積極的に使った。

しかし、時代の流れは早い。涌井秀章（現・ロッテ）あたりまでの代は、叱った後に「こういう意味だったんだぞ」とメールを送ると「監督からメールをもらった！」と喜び、やる気を出してくれた。私も含め「殴られた数＝監督に目をかけてもらった数」と考えていた、スパルタ期の選手とは大違いだ。

それがまもなく「監督からのメール、うるさい」と電源を切ってしまう者が現れ、逆に昼夜関係なくメールを送ってくる者も出てきた。

今の子供たちはさらに進み、メールではなくラインでの連絡が主になっているようだ。私も先日、スマートフォンを購入した。まだ、電話をしたり、受けたりするのに苦労しているが、おいおい慣れていければと思っている。

ちなみに、盟友の小倉清一郎・前コーチが母校・東農大に戻って教員免許を取得したのは、50歳のとき。高校時代、どちらかといえば勉強が嫌いだった彼にとって、これは一大決心だったと思う。本人から特に苦労話は聞いていないが、おそらく相当大変だったはず。50歳を前に新しく、難しいことに挑戦し、それを成し遂げた小倉前コーチを尊敬している。

人はいくつからでも変わろうと思えば変われるし、たとえ本質を変えなくても寄り添い方を習得することはできる。

chapter

5

私の心に響いた言葉

身だしなみをしっかりしなさい

★球児たちへ

これは、私の先輩であり、横浜高校野球部創設者の一人で、(財)日本仏教会理事長など仏教界の要職を歴任した高僧・白幡憲佑師の言葉。1973年のセンバツで初出場、初優勝して舞い上がっていた私を諭してくれたひと言だ。

人は外見だけで判断するものではないと教わったことだろう。間違ってはいけない。あくまで外見「だけ」では、である。

きちんと身だしなみを整えた監督、教諭と、だらしない服装の監督、教諭。どちらの言葉に耳を傾けようと思うか。同じことが生徒側にも言える。身だしなみを整えた生徒とだらしなく着崩した生徒。どちらを応援したくなるだろうか。

一人一人が学校の、チームの顔であると自覚できれば、自分がどう行動すればいいか、すぐにわかると思う。校名入りのカバンを抱え、地べたに座りこんで飲食をするようなことは、けっしてできないはずだ。

★すべての人たちへ

衣食住を保護者に頼っている球児世代にはそぐわないので前ページでは省いたが、実際の白幡師の言葉には「身だしなみをしっかりしなさい」の前に「財布のひもが許す限り」という枕ことばがついている。

この言葉をいただいた当時、私は28歳で全国の頂点を極め、神奈川に帰って来てからもちやほやされる毎日が続いていた。若さもあって、有頂天になった。入ったこともないような高級店で飲食するなど、野球ひと筋に打ち込んでいたそれまでとは、明らかに変わってしまっていたと思う。それが選手にも伝わったのだろう。チームの空気が次第にぎくしゃくし、勝てなくなった。

勝てなくなって悩み、耳の痛い話でも聞かなくてはと思い始めたタイミングで、大先輩に出会えたのは幸いだった。

「たかが高校野球の監督が、センバツで優勝したくらいでなにをやっているのか！」

これは耳に痛いどころの話ではない。一番、痛いところを突かれ、最初は反発もした。それでも何度か話を聞きに通ううちに、私の心が変わった。「たかが高校野球の監督が――」の指摘は、その通りだった。

白幡師が言いたかったのは、単純に高級品を身に着けろという意味ではない。自分の「財布のひもが許す限り」で整えたスーツ、靴などを、ていねいに扱うこと。これが肝だ。

生徒たちに「道具を大切にしなさい」と説教している教師の足元が、ほこりまみれの汚れたシューズだったらどうだろう。子供は口と態度が一致しない教師を、心から信用してくれないのではないか。保護者も同じこと。身を持って、その大切さを教えなければ響かない。

社会人でもまったく同じことが言えると思う。身だしなみがきちんとしていること「だけ」で信用することはできないが、第一印象で相手に「だらしがないな」と思われてしまったら、マイナスからスタートしなければならない。マイナス分を取り戻すのは大変だ。

私のもう一人の恩人である藤木企業の藤木幸夫会長には、企業のトップやその道で一流とされる人にずいぶんたくさん会わせていただいたが、みなさん、身だしなみはきちんと整えておられた。考えてみれば当たり前のことだ。公の場に出るということは、自分の所属するチーム（学校や会社、家族）の代表として出席するということ。だらしない格好は、自分の所属するチームにも、相手と相手のチームにも、恥をかかせることになる。

人は意外と外見を見ている。

靴は磨いておく。

アイロンをかけてパリッとしたシャツを着る。

ハンカチを持つ。

そんな簡単なことからでいい。身だしなみを整え、学校の、チームの、会社の、家族の代表として、いつも胸を張っていける自分でありたい。私の周りにいる人たちに恥をかかせたくないと、出掛けるときは鏡の前で気を引き締めている。

人前に出る時は必ず鏡の前で身だしなみを整える。
自分のためであり、学校の、家族の代表として
恥をかかないためでもある（右は紀子《みちこ》夫人）

自らが苦しみの中に没入していくところに野球の得がかもしだされる

★球児たちへ

高校時代の恩師・笹尾晃平監督がよく口にしていた言葉。難しいので、球児たちに意味を理解しろというのはまだ無理があると思うのだが、大事な言葉なのであえて挙げておいた。

私が高校生だったときも「自分で自分の限界にトライしよう」程度にしかくみ取れなかった。今は最初のページで紹介した「人生の勝利者たれ」につながっていく、含蓄《がんちく》のある言葉だと思っている。

自分から苦しみの中に飛び込み、そこから抜け出そうともがく。もがく中で、技術や精神力が身に付いていき、それが社会に出てからの武器にもなる。

一流選手は「野球が楽しい」と口にするが、本当に楽しむためには楽しめるだけの技術、精神力が必要だ。一流と言われる人たちが、陰でどれほどの努力をしていることか。自ら求め、耐えてつかみ、野球も人生も楽しもう。

★すべての人たちへ

笹尾監督の言葉の中で、もう一つ印象に残っているのは「なんの変哲もない白いボールだが、その中には人生が集約されている。それは、社会に役立つものでなければならない」だ。スパルタ指導全盛時代で、高校時代の練習はそれはそれは厳しかったが、笹尾監督はただ厳しいだけでなく、野球を通じて「社会で役立つもの＝礼儀、忍耐力、ものごとをやり抜く力など」を教え子たちに植え付けようと考えてくれていたのだと思う。

野球に限らず、技術、精神力を身に付けていくうえで、一番大切なものはなんだろうか。私は「体力」だと考えている。

体力があれば、きつい練習に耐えられる。つまり「苦しみの中に没入」できる。きつい練習に耐えられれば、技術もだんだん習得できるし、経験が増えることで、とっさの判断力等も養うことができる。横浜高校時代からの盟友である小倉清一郎・前コーチがよく言っていたことだが、10回に1回しかしないプレーでも、それをまったく練習していなければ試合でできるわけがない。

では、体力を付けるためにどうすればいいか。食べることである。最近は食の細い子供が増えてきたが、食べなければ体力は付かない。食べるという字は「人」を「良」くすると書く。食事は「人を良くするための事」なのだ。

昔は父親を中心に家族全員がちゃぶ台を囲み、同じものを食べながらさまざまなことを学んだ。何度も同じことを説教され、うるさいなと思うことはあっても、繰り返し教えてもらったことは、意外と覚えているものだ。

今は生活様式も、家族の形態も変わった。仕事に学習塾に習い事など、家族それぞれが忙しく、一緒の食卓を囲むことは減ってきている。同じメニューであっても食べる時間が違ったり、逆に同じテーブルには着いていてもそれぞれが食べたいものを食べているケースもあるだろう。最近では、アレルギーなどの問題があって、それがやむを得ないこともある。

寂しいことではあるが、これは時代の変遷《へんせん》なので仕方がない。ただ、たまには時間をやりくりして、一緒のテーブルで食事をしながら互いの話を聞く時間を作るようにしてくれたらと願う。私も夏季合宿などではできるだけ選手と一緒に食事をしたり、風呂に入ったりして触れ合う時間を持つようにしている。

食欲はあるのか、偏った食べ方はしていないか。そこから子供たちの体調の変化や精神面の疲れを推し量ることができる。グラウンドや教室ではできない話から、個々の性格やクセを把握することもできる。そうしたことをふまえ、彼らが野球に没頭できる環境を整えてやりたい。

高校野球は「教育の一環」とよく言われるが、一環ではなく「教育そのもの」である。もちろん少年野球にも、そのほかのスポーツにも同じことが言える。なにかに没入した経験は、社会を生き抜く力になるはずだ。

高校野球は教育そのもの。全力を尽くしたならば
勝者にも、敗者にも、得られる宝がある

憤りに耐えたる果ての
侘びずみと知るは
颪のみ比叡おろしのみ

★球児たちへ

スパルタ式練習がヒートアップして選手に背を向けられたり、勝てなくて周囲からの厳しい非難を浴びていた頃、白幡師に「座右に置きなさい」と頂戴した歌軸に書いてあった言葉である。周囲の非難に対して、言いたいことはたくさんあった。だが、いちいち反論もできないため、イライラした毎日を送っていた。そういう態度を見かねて、白幡師が差し出してくれたのだと思う。

憤りに耐え、見返すために勉強や試行錯誤を繰り返す中で、おごりや虚飾がはがれ落ち、真実が残る。人はそんな課程に興味を持たないけれど、それでいいじゃないか。すべてを受け入れて生きていきなさいという意味かなととらえている。

ミスをして叱られれば、負けて非難されれば悔しいし、悲しい。だけど悔しい思いをしなければ、わからないこともある。若いうちはどんどん失敗していい。そこから自分の頭で考え、実行し、なにかをつかんでほしい。

★すべての人たちへ

私には一度、すべてを放り投げて北海道へ逃避行したことがある。時代が変わってそれまでのスパルタ式練習法では選手を育てることが難しくなり、神奈川ですら勝てなくなった。「いい選手はいるのになぜ勝てない」という非難や「センバツでは勝ったけれど、夏は勝っていないじゃないか」という揶揄《やゆ》に耐えられなくなったのだ。私だって、一方的に非難されるのは苦しいし、つらい。

１９６０～70年代は戦争ですさんだ生活を立て直すのに精いっぱいで、社会全体に余裕がなかった。子供の選択肢も多くはなく、勉強かスポーツか程度。勉強がダメなら必然的にスポーツで頑張るしか道はない。だから、厳しくてもついてくる選手、指導者を全面的に信じて預ける保護者は多かったのだと思う。

しかし、高度成長期も一段落ついて、見違えるほど豊かになった80年代以降は一気に多様化。さまざまな価値観が出てきて、一方的なアプローチでは子供たちを納得させられなくなった。私自身、どこかでこのままではいけないと思っていたのに、なかなか変われず、プツリと切れてしまったのだ。

誰かを訪ねるあてもなく、北海道の原野にたたずみながら、それまでの指導について自問自答した。そんなとき、たまたまのぞいた高校で球児が練習をするひたむきな姿を見て感動。もう一度、やり直す覚悟が決まった。指導者が、途中で投げ出すわけにはいかない。所持金を使い切って送金を頼んだ私に、なにも言わずに振り込んでくれた女房（紀子《みちこ》）には今も感謝している。

思えば「なぜ勝てないんだ」という悔しさが、いつの時代も私を駆り立ててくれた。勝負事は勝たなければならない。これは勝利史上主義とはまったく違う。勝ちたいと熱望し、最後まであきらめずに努力した結果、負ける。そういう負けでなくては、勉強にならないと思う。こういう負けをたくさん経験して、気持ちだけでは勝てないことを学び、勝つための工夫をするようになる。

指導者も、子供たちも、負けた数だけなにかをつかめるものだ。

chapter

6

50年を振り返って

理念なきスパルタ時代

甲子園春夏5度の優勝を経験させてもらい、一線を退いた今も講演依頼をいただけるような立場になったが、それはたくさんの挫折、失敗をしてきたからだ。

とにかく野球が大好きで、自分がプレーすることだけを追い求めて日々を過ごしていた私には、1965年に母校のコーチとして戻ってくるまで、指導者になろうという考えは特になかった。結局、野球を断念したことで神奈川大を中退してしまったから、後に関東学院大に通い直して取得するまで教員免許もなかった。もう一度、野球にたずさわれることがただただうれしく、なんの準備もせずに指導者としてのスタートラインに立ってしまった。

現役時代から指導者を志している人であれば、恩師の指導法から自分の目指す方向を探ったり、大学のチームメートから情報を集めたりして「指導理念」を少しずつ構築しているはずだ。それが実際の現場で生かせるかどうかはまた別にして、指導者として生徒の前に立つときにはきっと「こういう風にやってみよう」「こうしたらいいと思う」というものを、一つでも二つでも持っているだろう。

しばらく野球と全く離れた生活を送っていて、20歳でいきなりコーチとなった私には、意欲はあっても、この「指導理念」がほとんどなかったと言っていい。理念どころか、どうやって生徒たちを指導すればいいのかもわからない。では、どうしたのか。思い付いたのは高校時代の恩師である笹尾晃平監督の見よう見まねである。これが当時、どこでもしていた〝超スパルタ〟方式だった。

私も現役時代に経験した強烈なノックの嵐、いつ終わるともしれないランニング、素振り——。ミスをすれば容赦なく怒鳴られ、殴られ、それでも必死で食らいつくことが当たり前。練習自体、今の子供たちでは想像がつかないくらい厳しく、精神面での追い込まれ方も半端なかった。

1960年代には、戦争の名残で軍の師範学校や予科練などから戻ってきた人たちが、教員に数多くいたように思う。軍隊というのは、上官の命令が絶対だ。なぜなら隊員に「自主性に任せて」や「自由な発想で」の行動を許したりしたら、統制をとることができず、部隊全員の命にかかわる事態を招きかねない。だから、チームワークを乱す行為については、鉄拳制裁も辞さないほど厳しい。

そういう環境に長く身を置いていた人たちが、子供たちを教えるときにも同じやり方を取ってしまうのは、ある意味仕方のないことだったかもしれない。ちょうど日本は復興に向けて国民一丸となって頑張っていて、働くことにも、勉強することにも、スポーツをすることにも、厳しい姿勢が求められた時代だ。

どこに行っても「厳しくあること」を求められ、私も人より厳しい練習をすれば勝てると単純に思っていた。今思えば、行き過ぎは多々あったのだが、それが社会で容認されてしまっていた。もちろん、そんな指導に耐えきれずに途中で挫折する生徒はいて、それすらその頃は「家庭がだらしないからだ」と考えていた。父親に鉄拳制裁をしてもらって無理やり野球部に戻らせたこともあった。

笑い話のようだが、指導者が「カラスは白い」と言えば、たとえ目の前に黒いカラスがいたとしても、それは「白いカラス」に間違いない。口答えなど許されなかったし、そもそも高校の3年間で監督と「会話」をしたことさえない選手がほとんどだったのではないだろうか。今では選手が「監督、カラスは黒いです」と言え、監督と選手の「会話」が成り立つ世の中になった。だからこそ、言葉の選び方、使い方、伝え方が難しくなってきたと言える。

あの頃はグラウンドでの両者に「会話」は必要なかった。私も指導者として、自分がしてきたことを、そのまま教え子たちにさせた。ただ一つ、恩師と違ったのは、厳しさに確固たる自信や理論的な裏付けがなかったことだ。

笹尾監督は厳しかったが、経験に基づく、広い視野を持っていた。現役時代に少しずついただいたアドバイス、ヒントが後年、私の指導の源流となったのは言うまでもない。

今ならわかる。「権威」と「権力」は違う。辞書の説明とは少し違うかもしれないが、この人についていきたいと思わせる威厳、素養を備えた人間が持つのが「権威」であり、ただ力で支配しようとする独裁者は「権力」しか持たない。20歳そこそこでコーチとなった私は、いくらも歳の違わない後輩たちを説諭《せつゆ》する「言葉」も「権威」も持ち合わせておらず、ただ単純に「権力」を振りかざしていたのだと思う。

「栄光より挫折」「成功より失敗」「勝利より敗北」――。振り返ってみれば、あのような苦い経験も私を育ててくれたものの一つに間違いはない。スパルタを貫き通して1973年センバツ初出場優勝という「答え」をつかむことができなかったら、今の私はいない。ただ、傷つけてしまった教え子たちは多く、彼らには謝りたいと思っている。

◇甲子園成績（1973～1979年）

年度	回戦	スコア	相手	備考	主な出場選手
1973年春	２回戦 準々決勝 準決勝 決勝	○６－２ ○３－０ ○４－１ ○３－１	小倉商（福岡） 東邦（愛知） 鳴門工（徳島） 広島商（広島）	初出場優勝	永川英植、長崎誠、高橋三昌、上野貴士
1974年春	１回戦 ２回戦	○７－０ ●０－１	御所工（奈良） 高知（高知）		永川英植、上野貴士
1978年夏	２回戦 ３回戦	○10－２ ●０－３	徳島商（徳島） 県岐阜商（岐阜）		吉田博之、愛甲猛、安西健二

◇春夏甲子園優勝、準優勝校と夏の神奈川大会優勝、準優勝校

年度	大会	優勝	準優勝
1965年	センバツ	岡山東商（岡山）	市和歌山商（和歌山）
	選手権	三池工（福岡）	銚子商（千葉）
	神奈川大会	武相	日大高
1966年	センバツ	中京商（愛知）	土佐（高知）
	選手権	中京商（愛知）	松山商（愛媛）
	神奈川大会	横浜一商	武相
1967年	センバツ	津久見（大分）	高知（高知）
	選手権	習志野（千葉）	広陵（広島）
	神奈川大会	武相	日大高
1968年	センバツ	大宮工（埼玉）	尾道商（広島）
	選手権	興国（大阪）	静岡商（静岡）
	神奈川大会	武相	鎌倉学園
1969年	センバツ	三重（三重）	堀越（東京）
	選手権	松山商（愛媛）	三沢（青森）
	神奈川大会	東海大相模	横浜
1970年	センバツ	箕島（和歌山）	北陽（大阪）
	選手権	東海大相模（神奈川）	ＰＬ学園（大阪）
	神奈川大会	東海大相模	横浜一商
1971年	センバツ	日大三（東京）	大鉄（大阪）
	選手権	桐蔭学園（神奈川）	磐城（福島）
	神奈川大会	桐蔭学園	武相
1972年	センバツ	日大桜丘（東京）	日大三（東京）
	選手権	津久見（大分）	柳井（山口）
	神奈川大会	東海大相模	秦野
1973年	センバツ	横浜	広島商（広島）
	選手権	広島商（広島）	静岡（静岡）
	神奈川大会	藤沢商	桐蔭学園
1974年	センバツ	報徳学園（兵庫）	池田（徳島）
	選手権	銚子商（千葉）	防府商（山口）
	神奈川大会	東海大相模	横浜
1975年	センバツ	高知（高知）	東海大相模（神奈川）
	選手権	習志野（千葉）	新居浜商（愛媛）
	神奈川大会	東海大相模	日大藤沢
1976年	センバツ	崇徳（広島）	小山（栃木）
	選手権	桜美林（東京）	ＰＬ学園（大阪）
	神奈川大会	東海大相模	向上
1977年	センバツ	箕島（和歌山）	中村（高知）
	選手権	東洋大姫路（兵庫）	東邦（愛知）
	神奈川大会	東海大相模	横浜商
1978年	センバツ	浜松商（静岡）	福井商（福井）
	選手権	ＰＬ学園（大阪）	高知商（高知）
	神奈川大会	横浜	横浜商
1979年	センバツ	箕島（和歌山）	浪商（大阪）
	選手権	箕島（和歌山）	池田（徳島）
	神奈川大会	横浜商	横浜

◇甲子園成績(1980～1989年)

年度	回戦	スコア	相手	備考	主な出場選手
1980年夏	1回戦	○8－1	高松商(香川)	夏初優勝	愛甲猛、川戸浩、安西健二、片平保彦
	2回戦	○9－0	江戸川学園(茨城)		
	3回戦	○1－0	鳴門(徳島)		
	準々決勝	○3－2	箕島(和歌山)		
	準決勝	○3－1	天理(奈良)		
	決勝	○6－4	早稲田実(東京)		
1985年春	1回戦	○7－0	倉敷商(岡山)		相川英明
	2回戦	●2－10	報徳学園(兵庫)		

◇春夏甲子園優勝、準優勝校と夏の神奈川大会優勝、準優勝校

年度	大会	優勝	準優勝
1980年	センバツ	高知商(高知)	帝京(東京)
	選手権	横浜	早稲田実(東京)
	神奈川大会	横浜	桐蔭学園
1981年	センバツ	PL学園(大阪)	印旛(千葉)
	選手権	報徳学園(兵庫)	京都商(京都)
	神奈川大会	横浜	東海大相模
1982年	センバツ	PL学園(大阪)	二松学舎大付(東京)
	選手権	池田(徳島)	広島商(広島)
	神奈川大会	法政二	日大高
1983年	センバツ	池田(徳島)	横浜商(神奈川)
	選手権	PL学園(大阪)	横浜商(神奈川)
	神奈川大会	横浜商	横浜
1984年	センバツ	岩倉(東京)	PL学園(大阪)
	選手権	取手二(茨城)	PL学園(大阪)
	神奈川大会	桐蔭学園	向上
1985年	センバツ	伊野商(高知)	帝京(東京)
	選手権	PL学園(大阪)	宇部商(山口)
	神奈川大会	藤嶺藤沢	横浜
1986年	センバツ	池田(徳島)	宇都宮南(栃木)
	選手権	天理(奈良)	松山商(愛媛)
	神奈川大会	横浜商	横浜
1987年	センバツ	PL学園(大阪)	関東一(東京)
	選手権	PL学園(大阪)	常総学院(茨城)
	神奈川大会	横浜商	東海大相模
1988年	センバツ	宇和島東(愛媛)	東邦(愛知)
	選手権	広島商(広島)	福岡一(福岡)
	神奈川大会	法政二	鎌倉学園
1989年	センバツ	東邦(愛知)	上宮(大阪)
	選手権	帝京(東京)	仙台育英(宮城)
	神奈川大会	横浜	日大藤沢

※1981年夏は部長で出場(監督は斉藤宏氏)

強打の時代に突入

1974年夏に金属バットの使用が解禁となったことで、ホームランや長打が増えてきた。バントなど細かい技を駆使して奪った得点を堅いディフェンスで守り切る野球から、〝攻めダルマ〟の異名を取った蔦文也監督率いる池田(徳島)や〝KKコンビ〟こと清原和博内野手(元・西武)、桑田真澄投手(元・巨人)のPL学園(大阪)に代表される豪快なバッティングのチームが甲子園で活躍するようになってきた。

だが、野球の質以上に変化したのは、生徒の気質だ。我慢、我慢で脇目もふらずに復興に努めてきた時代から、高度成長期を経て生活は豊かになった。保護者たちにも余裕ができて、子供たちに手をかける時間が持てるようになり、手をかけられて育った子供たちは一方通行の指示を嫌う。納得ができなければ、動こうとはしない。必然、それまでのやり方が通用しなくなった。

新しい指導法を求めて寺で修業をしたり、異業種の人に会ってみたり、強豪校の指導者に会いに行ったりといろいろなことをしてみたものの、80年代はまだ完全にスパルタ方式から脱却できなかった。それでも、生徒たちが「悔しい」「悲しい」「腹立たしい」「うれしい」などの感情をわあーっと表に出してくれるから、コミュニケーションは比較的取りやすかったと思う。

今は感情を表に出すことが恥ずかしいのか、良好な人間関係を保つためにあえて出さないようにしているのか、なかなか子供たちの気持ちを量りづらい。「手をつないでゴールイン」の徒競走で育った世代は、一人だけ目立つことも嫌がる。指導者には、感情を読み取る力も要求されているようだ。

80年代の甲子園出場は、念願の夏初優勝を飾った80年と85年夏の2度だけ。しかし、神奈川ではコンスタントに上位に顔を出せるようになるなど、私の1度目の転換期となった10年間だった。

1980年代半ばまでは、学校の校庭で練習。
照明設備も十分ではなかった

コラム 8 50年のひとかけら

初めての経験

1983年の代は、指導者として初めて経験することが多い代になった。80年夏の全国制覇の名残りで、この代の入部者は150人超。投手はサイドの白岩勉、上手の横田昌俊、下手の田中政和、左の山本聡一とバリエーションに富んでいたものの、大黒柱を育てきれなかった。そこで、永川英植(元・ヤクルト)、愛甲猛(元・ロッテ)らのような、それまでの「エースが一人で投げ抜く」スタイルを捨て、初めて継投での勝負を試みたのだが……。82年秋の神奈川県大会決勝・桐蔭学園戦では、白岩、横田、白岩、横田、白岩と小刻みにつないで桐蔭の攻撃をかわしながら、7回に5点を奪われて逆転負け。けっして、チームとしての力がなかったわけではないけれど、結局、秋、春、夏の神奈川大会すべてで準優勝に終わり、甲子園に連れて行ってやれなかった。

もう一つ、印象に残っているのは、キャンプでの出来事だ。ウォーミングアップでたら

卒業から30年以上たっても声をかけてくれる
教え子たちの存在はありがたい

たらしていたある選手に「そんなことをしているんなら、帰れ!」と叱り付けたら、本当に宿に戻ってしまった。しかも、シューズがきれいにそろえて置いてあったとか、「死んでやる」と言っていたとか、いないとかの話まで出てきて、「そこまで追い詰めてしまったのか」と肝を冷やした。

先日、彼らの同期会に私と、当時部長を務めてくれていた青山梅麿先生を招待してくれたとき、本人が「予備のシューズをそろえて置いていっただけで、死ぬ気なんか全くなかったです」と33年ぶりに真相を明かしてくれ、みんなで大笑い。私もようやく肩の荷が下りた。

◇甲子園成績（1990〜1999年）

年度	回戦	スコア	相手	備考	主な出場選手
1992年春	1回戦	●3－7	新野（徳島）		部坂俊之、中野栄一
1993年春	2回戦	●3－4	上宮（大阪）		紀田彰一、斉藤宜之、高橋光信、矢野英司
1994年春	1回戦	○10－3	大府（愛知）		紀田彰一、斉藤宜之、矢野英司、多村仁
	2回戦	●2－10	智弁和歌山（和歌山）		
1994年夏	2回戦	●2－4	那覇商（沖縄）		〃
1996年春	1回戦	●1－2	大阪学院大高（大阪）		松井光介、阿部真宏、幕田賢治
1996年夏	2回戦	○3－1	北嵯峨（京都）		松井光介、阿部真宏、幕田賢治、後藤武敏
	3回戦	●4－8	福井商（福井）		
1998年春	2回戦	○6－2	報徳学園（兵庫）	春2度目優勝	松坂大輔、小山良男、後藤武敏、小池正晃
	3回戦	○3－0	東福岡（福岡）		
	準々決勝	○4－0	郡山（奈良）		
	準決勝	○3－2	PL学園（大阪）		
	決勝	○3－0	関大一（大阪）		
1998年夏	1回戦	○6－1	柳ヶ浦（大分）	春夏連覇達成	〃
	2回戦	○6－0	鹿児島実（鹿児島）		
	3回戦	○5－0	星稜（石川）		
	準々決勝	○9－7	PL学園（大阪）		
	準決勝	○7－6	明徳義塾（高知）		
	決勝	○3－0	京都成章（京都）		
1999年春	1回戦	●5－6	PL学園（大阪）		松岡政、松本勉

◇春夏甲子園優勝、準優勝校と夏の神奈川大会優勝、準優勝校

年度	大会	優勝	準優勝
1990年	センバツ	近大付（大阪）	新田（愛媛）
	選手権	天理（奈良）	沖縄水産（沖縄）
	神奈川大会	横浜商	神奈川工
1991年	センバツ	広陵（広島）	松商学園（長野）
	選手権	大阪桐蔭（大阪）	沖縄水産（沖縄）
	神奈川大会	桐蔭学園	横浜
1992年	センバツ	帝京（東京）	東海大相模（神奈川）
	選手権	西日本短大付（福岡）	拓大紅陵（千葉）
	神奈川大会	桐蔭学園	横浜
1993年	センバツ	上宮（大阪）	大宮東（埼玉）
	選手権	育英（兵庫）	春日部共栄（埼玉）
	神奈川大会	横浜商大高	横浜
1994年	センバツ	智弁和歌山（和歌山）	常総学院（茨城）
	選手権	佐賀商（佐賀）	樟南（鹿児島）
	神奈川大会	横浜	日大藤沢
1995年	センバツ	観音寺中央（香川）	銚子商（千葉）
	選手権	帝京（東京）	星稜（石川）
	神奈川大会	日大藤沢	慶応
1996年	センバツ	鹿児島実（鹿児島）	智弁和歌山（和歌山）
	選手権	松山商（愛媛）	熊本工（熊本）
	神奈川大会	横浜	日大藤沢
1997年	センバツ	天理（奈良）	中京大中京（愛知）
	選手権	智弁和歌山（和歌山）	平安（京都）
	神奈川大会	桐蔭学園	横浜商
1998年	センバツ	横浜	関大一（大阪）
	選手権	横浜	京都成章（京都）
	東神奈川大会	横浜	桐光学園
	西神奈川大会	平塚学園	東海大相模
1999年	センバツ	沖縄尚学（沖縄）	水戸商（茨城）
	選手権	桐生一（群馬）	岡山理大付（岡山）
	神奈川大会	桐蔭学園	桜丘

選手の中に入っていく

１９９０年代に入ると、神奈川県内にいる〝いい選手〟が入学し始め、戦力自体は充実。10年間で春6度、夏3度、甲子園に出場できた。

しかし、前半はいい選手がいながら勝ちきれず、ずいぶん悩んだ。選手の気質の変化に、私自身が対応しきれていなかったことが敗因の一つだった。勝てないから厳しくする、といった感じで、なにかあればコンクリートのダッグアウト内に選手を正座させることなどもまだあった。

80年代も子供たちの気質が変わったと思ったが、このあたりからはさらに人の話を聞かない子が増えたように思う。ミーティングで話すと「はい。はい」と返事をするのだが、全部話し終わってから「では、なにを理解したのか言ってみろ」と聞くと答えられない。最後のフレーズを返すのが精いっぱい。10分間、話したとしたら8分間分は記憶に残っていなかった。

92年のセンバツに出場したチームは、部坂俊之（元・阪神）、中野栄一（元・中日）

バッテリーを軸に力のある選手がそろっていたが、初戦で新野（徳島）に3－7と敗退。後にプロ入りする高橋光信（元・中日）、紀田彰一（元・横浜）、斉藤宜之（元・巨人）、矢野英司、多村仁（ともに元・横浜）らそうそうたるメンバーのいた頃も、勝ち上がれなかった。全国制覇してもおかしくないチームなのに、甲子園に行くとなぜかちぐはぐなプレーばかりで、勝たせてやれなかったのである。

振り返ってみると、当時の私は勝ちたくてガツガツしてばかりいた。しかも、神奈川勢が80年夏以来優勝から遠ざかっていて、「ようし、もう一度、私が」と気負ったのも良くなかったのだろう。「色気」「邪念」は勝機を失わせる。私にほんの少しの余裕がなかったばかりに、逃した勝利は数多い。

やはり自分が先頭に立って引っ張ってやるのではなく、指導者が自ら選手の中に入り込み、ともに戦う姿勢を持たなくてはダメだ。近寄りがたい存在になるのではなく、監督も同じ人間なんだと感じてもらうことが現代では必要。これはなにも、プライドを捨てろと言っているのではない。ただの歩み寄りに過ぎない。子供に一歩歩み寄ってもらうために、私たち指導者は二歩も三歩も歩み寄らなくてはならない。前述したが、子供は未熟だからだ。より経験を積んだ大人が、大人のプライドを持って余分に歩み寄ってやりたい。

私も春夏連覇した松坂大輔(現・ソフトバンク)の代あたりからは、合宿で一緒に風呂に入ったり、スキーを楽しんでみたりができるようになった。子供たちの監督の印象が「口をきくこともできない偉い人」から「同じ人間なんだ」に変化し、私自身、選手の中に入ってみて、選手個々のイメージが変わることもあった。学校生活、練習だけでは、どうしても見えない部分はある。

90年代の最も大きな変化は技術面ではなく、私がようやく選手に寄り添えるようになってきたことにあると思う。

奇跡の44連勝

1998年の国体は神奈川県で開催されることが決まっていて、地元開催に花を添えられる、優勝できるチームを作ろうと鍛えたのが松坂大輔（現・ソフトバンク）らで春夏連覇を果たした代だった。前年夏の神奈川大会で、Y校（横浜商）にまさかの暴投サヨナラ負けを喫した悔しさを、見事に力に換えてくれた。

明治神宮大会、春夏甲子園、国体の4冠も我ながらすごいが、公式戦で一つも負けていないのは奇跡と言っていい。

史上5校目の春夏連覇を果たし、優勝報告会で感謝を述べた

奇跡の44連勝は小倉・前コーチ（右）の力も大きかった

◇1997年秋～1998年秋　公式戦44連勝

大会	月日	回戦	スコア	相手
1997年				
秋季横浜地区	8・23		○11－1	市ヶ尾
	8・24		○10－0	氷取沢
	8・26		○14－4	鶴見工
秋季神奈川県大会	9・7	2回戦	○4－3	藤嶺藤沢
	9・13	3回戦	○14－0	茅ヶ崎西浜
	9・20	4回戦	○8－4	東海大相模
	9・28	準々決勝	○7－1	川崎北
	10・4	準決勝	○7－1	横浜商
	10・5	決勝	○9－0	日大藤沢
秋季関東大会	11・3	準々決勝	○11－1	水戸商(茨城)
	11・4	準決勝	○9－0	浦和学院(埼玉)
	11・5	決勝	○2－1	日大藤沢
明治神宮大会	11・16	1回戦	○5－1	豊田西(愛知)
	11・17	準決勝	○5－2	国士舘(東京)
	11・19	決勝	○5－3	沖縄水産(沖縄)
1998年				
センバツ	3・28	2回戦	○6－2	報徳学園(兵庫)
	4・3	3回戦	○3－0	東福岡(福岡)
	4・5	準々決勝	○4－0	郡山(奈良)
	4・7	準決勝	○3－2	PL学園(大阪)
	4・8	決勝	○3－0	関大一(大阪)
春季神奈川大会	4・18	3回戦	○10－0	柏陽
	4・26	4回戦	○12－2	川崎北
	4・29	準々決勝	○4－0	慶応
	5・4	準決勝	○4－0	横浜商
	5・5	決勝	○17－8	東海大相模
春季関東大会	5・17	2回戦	○3－0	埼玉栄(埼玉)
	5・19	準々決勝	○1－0	八千代松陰(千葉)
	5・20	準決勝	○6－5	坂戸西(埼玉)
	〃	決勝	○1－0	日大藤沢
夏季神奈川大会	7・18	2回戦	○6－0	神奈川工
	7・21	3回戦	○10－0	浅野
	7・22	4回戦	○10－0	武相
	7・25	準々決勝	○12－0	鶴見工
	7・26	準決勝	○25－0	横浜商大高
	7・28	決勝	○14－3	桐光学園
選手権	8・11	1回戦	○6－1	柳ヶ浦(大分)
	8・16	2回戦	○6－0	鹿児島実(鹿児島)
	8・19	3回戦	○5－0	星稜(石川)
	8・20	準々決勝	○9－7	PL学園(大阪)
	8・21	準決勝	○7－6	明徳義塾(高知)
	8・22	決勝	○3－0	京都成章(京都)
国体	10・26	準々決勝	○3－2	日南学園(宮崎)
	10・27	準決勝	○18－2	星稜(石川)
	10・28	決勝	○2－1	京都成章(京都)

コラム 9 50年のひとかけら

全国のライバルたち

50年の指導者生活の中で、名将と呼ばれる方々とたくさんの試合をしてきた。特に甲子園に出場し、全国制覇を果たした監督はみんな、一つの哲学を持っているように思う。それぞれが「勝ちたい」と願い、それを成し遂げるためにあらゆる努力をして「なにかを究めた」人たちだ。彼らと、甲子園や国体、明治神宮大会などの大きな舞台で真剣勝負ができたのは光栄だった。

私が一番、やりにくいなと感じたのは、箕島（和歌山）の尾藤公監督。1979年に史上3校目、公立校ではただ1校の春夏連覇を達成した人で、79年夏の3回戦・星稜（石川）との延長18回は今も高校野球史に残る名勝負として知られる。箕島といえば、投手、一、二塁手の間、いわゆる〝魔のトライアングル〟へ絶妙に転がすバントが十八番《おはこ》で、これは本当にきつい。甲子園では80年夏の準々決勝、3－2で箕島の夏連覇を阻止した1試合しか戦っていないが、得意のバントでじわじわと詰め寄ってくる圧迫感はすごかった。

それから明徳義塾（高知）・馬淵史郎監督。甲子園では98年夏の準決勝（7－6）、2003年春の3回戦（8－4）、04年夏の3回戦（7－5）と3度戦って全勝したけれど、何をやってくるかわからない人だった。

常総学院（茨城）の木内幸男・前監督は84年夏の全国制覇を最後に取手二（茨城）から常総学院に移って、老練さが増したように思う。したたかな野球をされる方で、投手、外野手をワンポイントで何度も入れ替えたりという戦術には「ああ、こんな方法があるのか」と驚いた。一見、強いようには思えないチームでも、ヒルのように離れないしぶとさがあった。

智弁和歌山（和歌山）・高嶋仁監督とは、94年春の2回戦で1度だけ対戦。紀田彰一（元・横浜）、斉藤宜之（元・巨人）、多村仁（現・中日）ら後にプロ入りした選手がそろっていて、自信があったチームで2－10と大敗した。高嶋監督は突っ走ったら止まらないタイプ。それをあの当時、わかっていたらもう少しいい試合ができたかなと思っている。

甲子園初優勝した73年のセンバツ決勝で対戦した広島商（広島）・迫田穆成《よしあき》監督（現・如水館監督）は、広商伝統の精神野球が基本。同じ大会の準々決勝で戦った東邦（愛知）・阪口慶三監督（現・大垣日大監督）とはその後、甲子園で対戦する機会はなかったが、1994年12月の「第1回アジア・ジュニア選手権大会」で私が監督、阪口さんがコーチを務めるなど交流があり、いろいろ影響を受けた。73年の大会は「打倒・江川（卓投手＝作新学院―法大―元・巨人）」に明け暮れ、それがチームの力になった。ちなみに12年夏の神奈川大会準々決勝で桐光学園の松井裕樹投手（現・楽天）と対戦して3―4で負け、「あのスライダーは打つ練習をするのではなく、見逃す練習をすべきだ」と考えた。打とうとするから、振ってしまうのだ。それが13年夏の神奈川大会準決勝での勝利につながった。こういうことを早くに学んでいたら、72年秋の関東大会決勝で0―6の完封負けを喫した江川投手も攻略できたのにと今さらながら悔しい。

山びこ打線で知られる池田（徳島）・蔦文也監督、65年のセンバツを好右腕・吉良修一投手を中心にしたチームワークで制した津久見（大分）の小嶋仁八郎監督とは対戦できなかったが、憧れの存在だった。

若手の指導者では、豪快な野球をする大阪桐蔭（大阪）・西谷浩一監督。08年夏の準決勝で対戦し、4－9で敗れた。この大会で自身初優勝を果たして以来、12年には藤浪晋太郎投手（現・阪神）らで春夏連覇。14年夏は、前年秋の府大会4回戦の5回コールド負けからの頂点と、驚異的なペースで勝っている。勝つことでいい選手が集まり、今や試合運びさえ間違わなければ勝てるチームになった。今後、さらにどうなっていくのか注目している。また、15年のセンバツで福井県勢悲願の初優勝を飾った敦賀気比・東哲平監督は「勝つ野球」を身に付けつつある。彼が全国でどのような位置を占めるのか、興味深い。

◆渡辺監督の甲子園成績 1973~

年度	回戦	スコア	相手	備考	主な出場選手
1973年春	2回戦	○6－2	小倉商(福岡)	初出場優勝	永川英植、上野貴士
	準々決勝	○3－0	東邦(愛知)		
	準決勝	○4－1	鳴門工(徳島)		
	決勝	○3－1	広島商(広島)		
1974年春	1回戦	○7－0	御所工(奈良)		〃
	2回戦	●0－1	高知(高知)		
1978年夏	2回戦	○10－2	徳島商(徳島)		吉田博之、愛甲猛、安西健二
	3回戦	●0－3	県岐阜商(岐阜)		
1980年夏	1回戦	○8－1	高松商(香川)	夏初優勝	愛甲猛、川戸浩、安西健二、片平保彦
	2回戦	○9－0	江戸川学園(茨城)		
	3回戦	○1－0	鳴門(徳島)		
	準々決勝	○3－2	箕島(和歌山)		
	準決勝	○3－1	天理(奈良)		
	決勝	○6－4	早稲田実(東京)		
1985年春	1回戦	○7－0	倉敷商(岡山)		相川英明
	2回戦	●2－10	報徳学園(兵庫)		
1992年春	1回戦	●3－7	新野(徳島)		部坂俊之、中野栄一
1993年春	2回戦	●3－4	上宮(大阪)		紀田彰一、斉藤宜之、高橋光信、矢野英司
1994年春	1回戦	○10－3	大府(愛知)		紀田、斉藤、矢野、多村仁
	2回戦	●2－10	智弁和歌山(和歌山)		
1994年夏	2回戦	●2－4	那覇商(沖縄)		〃
1996年春	1回戦	●1－2	大阪学院大高(大阪)		松井光介、阿部真宏、幕田賢治
1996年夏	2回戦	○3－1	北嵯峨(京都)		松井、阿部、幕田、後藤武敏
	3回戦	●4－8	福井商(福井)		
1998年春	2回戦	○6－2	報徳学園(兵庫)	春2度目優勝	後藤、松坂大輔、小山良男、小池正晃
	3回戦	○3－0	東福岡(福岡)		
	準々決勝	○4－0	郡山(奈良)		
	準決勝	○3－2	PL 学園(大阪)		
	決勝	○3－0	関大一(大阪)		
1998年夏	1回戦	○6－1	柳ヶ浦(大分)	春夏連覇	〃
	2回戦	○6－0	鹿児島実(鹿児島)		
	3回戦	○5－0	星稜(石川)		
	準々決勝	○9－7	PL 学園(大阪)		
	準決勝	○7－6	明徳義塾(高知)		
	決勝	○3－0	京都成章(京都)		
1999年春	1回戦	●5－6	PL 学園(大阪)		松岡政、松本勉
2000年夏	2回戦	○12－1	佐賀北(佐賀)		松岡、平田徹
	3回戦	○2－1	鳥羽(京都)		
	準々決勝	●1－2	東海大浦安(千葉)		
2001年夏	2回戦	○10－1	開星(島根)		平田、円谷英俊、荒波翔
	3回戦	○5－0	秀岳館(熊本)		
	準々決勝	○4－2	日南学園(宮崎)		
	準決勝	●6－7	日大三(西東京)		

◆渡辺監督の甲子園成績 2003~

年度	回戦	スコア	相手	備考	主な出場選手
2003年春	2回戦	○10−0	盛岡大付(岩手)		荒波、成瀬善久、石川雄洋、涌井秀章
	3回戦	○8−4	明徳義塾(高知)		
	準々決勝	○3−0	平安(京都)		
	準決勝	○5−3	徳島商(徳島)		
	決勝	●3−15	広陵(広島)		
2004年夏	1回戦	○8−2	報徳学園(兵庫)		石川、涌井、福田永将
	2回戦	○1−0	京都外大西(京都)		
	3回戦	○7−5	明徳義塾(高知)		
	準々決勝	●1−6	駒大苫小牧(北海道)		
2006年春	1回戦	○1−0	履正社(大阪)	春3度目優勝	福田、高浜卓也、佐藤賢治、下水流昂
	2回戦	○7−6	八重山商工(沖縄)		
	準々決勝	○13−3	早稲田実(東京)		
	準決勝	○12−4	岐阜城北(岐阜)		
	決勝	○21−0	清峰(長崎)		
2006年夏	1回戦	●6−11	大阪桐蔭(大阪)		福田、高浜、下水流、佐藤、土屋健二
2008年春	2回戦	●2−6	北大津(滋賀)		土屋、筒香嘉智、倉本寿彦
2008年夏	1回戦	○6−5	浦和学院(埼玉)		〃
	2回戦	○7−4	広陵(広島)		
	3回戦	○3−2	仙台育英(宮城)		
	準々決勝	○15−1	聖光学院(福島)		
	準決勝	●4−9	大阪桐蔭(大阪)		
2011年春	1回戦	●1−5	波佐見(長崎)		乙坂智、近藤健介
2011年夏	2回戦	○6−5	健大高崎(群馬)		〃
	3回戦	●4−9	智弁学園(奈良)		
2012年春	1回戦	○4−0	高知(高知)		田原啓吾、柳裕也
	2回戦	○7−1	聖光学院(福島)		
	準々決勝	●2−4	関東一(東京)		
2013年夏	2回戦	○7−1	丸亀(香川)		浅間大基、高浜祐仁、渡辺佳明
	3回戦	●1−7	前橋育英(群馬)		
2014年春	1回戦	●5−9	八戸学院光星(青森)		〃

※通算73試合51勝22敗、優勝5度、　　　は優勝

参考 部長としての甲子園成績

年度	回戦	スコア	相手	備考	主な出場選手
1981年夏	1回戦	○3−1	徳島商(徳島)		片平保彦、長尾和彦、伊藤晃、森田誠一
	2回戦	●1−4	報徳学園(兵庫)		
1989年夏	2回戦	●1−5	星稜(石川)		恵津豊、鈴木健一、鈴木尚典

【春夏勝敗内訳】		【年代別勝利数内訳＝円内数字は優勝回数】								
センバツ	選手権	50年	60年	70年	80年	90年	00年	10年	勝利	優勝
26－12①	37－20②	－	－	7	0	21②	30①	5	4	2
31－7③	27－3③	－	－	－	44⑥	14			2	1
23－12③	28－10②	－	－	6①	7①	13②	21①	4	⑤	④
21－13①	30－10②	－	－	0	19①	15②	14	3	4	2
18－11	27－15①	－	－	－	－	14	21①	10	3	1
13－6①	27－13②	－	－	1	13①	12	14②		4	2
21－5②	16－6①	－	－	10	27③				2	1
23－15①	14－14	－	0	10	9①	4	9	5	⑤	1
12－4①	24－3③	－	－	－	－	－	13①	23③	2	2
22－5③	13－5①	－	3	24④	7	1			4	1
16－5②	17－6①	23③	2	8					3	1
13－7	19－9②	－	－	－	7	1	11①	3①	4	2
14－17	17－19	－	－	11	5	4	10	1	⑤	－
12－13	18－14	－	0	8	18	4			3	－
10－6①	19－5①	－	14②	5	10				3	1
18－8－1②	9－6	－	－	－	－	6①	18①	3	3	2
2－6	25－11	－	－	7	9	11			3	－
11－6	15－8	－	8	3	9	－	6		4	－
7－5	19－12	－	－	－	－	4	9	13	3	－
12－6①	14－12	－	－	5	1	20①			3	1
20－9①	6－10	－	－	－	－	8	6	12①	3	1
4－7	22－16	－	－	0	9	12	5		3	－
9－4①	16－9	－	－	6	17①	2			3	1
16－4②	9－11	－	－	－	6①	4	10①	5	4	2
5－5	19－11	－	－	0	13	6	5		3	－
10－3	13－5	－	－	3	17	3			3	－
6－5	17－5①	－	3	20①	0				2	1
13－7－1①	10－7	－	－	－	－	9	8	6①	3	1
7－4	15－9－1①	－	1	15①	－	1	2	3	⑤	1
6－11	16－14	－	－	5	3	14			3	－
12－3②	9－2①	－	－	－	－	－	7①	14②	2	2
5－5	15－3②	－	－	－	8①	8①	－	4	3	2
12－9①	8－7	－	－	－	－	5	11①	4	3	1

◇甲子園監督通算勝利(通算20勝以上)表

監督(学校名)	【甲子園通算成績】				
	勝利	敗戦	引分	勝率	優勝
★高嶋　仁(智弁学園－智弁和歌山)	63	32	0	.663	③
中村　順司(PL学園)	58	10	0	.853	⑥
渡辺　元智(横浜)	51	22	0	.699	⑤
★前田　三夫(帝京)	51	23	0	.689	③
★馬淵　史郎(明徳義塾)	45	26	0	.634	①
木内　幸男(取手二－常総学院)	40	19	0	.678	③
蔦　文也(池田)	37	11	0	.771	③
★阪口　慶三(東邦－大垣日大)	37	29	0	.561	①
★西谷　浩一(大阪桐蔭)	36	7	0	.837	④
尾藤　公(箕島)	35	10	0	.778	④
深谷　弘次(中京商－三重－中京商)	33	11	0	.750	③
★小倉　全由(関東一－日大三)	32	16	0	.667	②
北野　尚文(福井商)	31	36	0	.463	
竹田　利秋(東北－仙台育英)	30	27	0	.526	
杉浦　藤文(中京商＝中京)	29	11	0	.725	②
★中井　哲之(広陵)	27	14	1	.659	②
栽　弘義(豊見城－沖縄水産)	27	17	0	.614	
三原　新二郎(広陵－福井－京都西)	26	14	0	.650	
★佐々木順一朗(仙台育英)	26	17	0	.605	
久保　克之(鹿児島実)	26	18	0	.591	①
★森　士(浦和学院)	26	19	0	.578	①
枦山　智博(鹿児島商工＝樟南)	26	23	0	.531	
谷脇　一夫(高知商)	25	13	0	.658	①
上甲　正典(宇和島東－済美)	25	15	0	.625	②
玉国　光男(宇部商)	24	16	0	.600	
古屋　文雄(横浜商)	23	8	0	.742	
斎藤　一之(銚子商)	23	10	0	.697	①
★原田　英彦(平安＝龍谷大平安)	23	14	1	.622	①
★迫田　穆成(広島商－如水館)	22	13	1	.629	①
山下　智茂(星稜)	22	25	0	.468	
★門馬　敬治(東海大相模)	21	5	0	.808	③
橋本　武徳(天理)	20	8	0	.714	②
★永田　裕治(報徳学園)	20	16	0	.556	①

【注】15年選手権終了時点で20勝以上。★は現役。勝利、優勝はそれぞれを記録した年代数

◇甲子園成績（2000〜2009年）

年度	回戦	スコア	相手	備考	主な出場選手
2000年夏	2回戦	○12－1	佐賀北（佐賀）		松岡政、平田徹
	3回戦	○2－1	鳥羽（京都）		
	準々決勝	●1－2	東海大浦安（千葉）		
2001年夏	2回戦	○10－1	開星（島根）		平田徹、円谷英俊、荒波翔
	3回戦	○5－0	秀岳館（熊本）		
	準々決勝	○4－2	日南学園（宮崎）		
	準決勝	●6－7	日大三（東京）		
2003年春	2回戦	○10－0	盛岡大付（岩手）		荒波翔、成瀬善久、石川雄洋、涌井秀章
	3回戦	○8－4	明徳義塾（高知）		
	準々決勝	○3－0	平安（京都）		
	準決勝	○5－3	徳島商（徳島）		
	決勝	●3－15	広陵（広島）		
2004年夏	1回戦	○8－2	報徳学園（兵庫）		石川雄洋、涌井秀章、福田永将
	2回戦	○1－0	京都外大西（京都）		
	3回戦	○7－5	明徳義塾（高知）		
	準々決勝	●1－6	駒大苫小牧（北海道）		
2006年春	1回戦	○1－0	履正社（大阪）	春3度目優勝	福田永将、高浜卓也、佐藤賢治、下水流昂
	2回戦	○7－6	八重山商工（沖縄）		
	準々決勝	○13－3	早稲田実（東京）		
	準決勝	○12－4	岐阜城北（岐阜）		
	決勝	○21－0	清峰（長崎）		
2006年夏	1回戦	●6－11	大阪桐蔭（大阪）		〃
2008年春	2回戦	●2－6	北大津（滋賀）		土屋健二、筒香嘉智、倉本寿彦
2008年夏	1回戦	○6－5	浦和学院（埼玉）		〃
	2回戦	○7－4	広陵（広島）		
	3回戦	○3－2	仙台育英（宮城）		
	準々決勝	○15－1	聖光学院（福島）		
	準決勝	●4－9	大阪桐蔭（大阪）		

◇春夏甲子園優勝、準優勝校と夏の神奈川大会優勝、準優勝校

年度	大会	優勝	準優勝
2000年	センバツ	東海大相模（神奈川）	智弁和歌山（和歌山）
	選手権	智弁和歌山（和歌山）	東海大浦安（千葉）
	神奈川大会	横浜	桐光学園
2001年	センバツ	常総学院（茨城）	仙台育英（宮城）
	選手権	日大三（東京）	近江（滋賀）
	神奈川大会	横浜	桐光学園
2002年	センバツ	報徳学園（兵庫）	鳴門工（徳島）
	選手権	明徳義塾（高知）	智弁和歌山（和歌山）
	神奈川大会	桐光学園	東海大相模
2003年	センバツ	広陵（広島）	横浜
	選手権	常総学院（茨城）	東北（宮城）
	神奈川大会	横浜商大高	横浜
2004年	センバツ	済美（愛媛）	愛工大名電（愛知）
	選手権	駒大苫小牧（北海道）	済美（愛媛）
	神奈川大会	横浜	神奈川工
2005年	センバツ	愛工大名電（愛知）	神村学園（鹿児島）
	選手権	駒大苫小牧（北海道）	京都外大西（京都）
	神奈川大会	桐光学園	慶応
2006年	センバツ	横浜	清峰（長崎）
	選手権	早稲田実（東京）	駒大苫小牧（北海道）
	神奈川大会	横浜	東海大相模
2007年	センバツ	常葉菊川（静岡）	大垣日大（岐阜）
	選手権	佐賀北（佐賀）	広陵（広島）
	神奈川大会	桐光学園	東海大相模
2008年	センバツ	沖縄尚学（沖縄）	聖望学園（埼玉）
	選手権	大阪桐蔭（大阪）	常葉菊川（静岡）
	南神奈川大会	横浜	横浜創学館
	北神奈川大会	慶応	東海大相模
2009年	センバツ	清峰（長崎）	花巻東（岩手）
	選手権	中京大中京（愛知）	日本文理（新潟）
	神奈川大会	横浜隼人	桐蔭学園

5度目の全国制覇

2000年代に入ると、甲子園でもコンスタントに上位に進出できる力が付いてきた。この10年間で春3度、夏5度出場し、06年夏は大阪桐蔭（大阪）に、08年春は北大津（滋賀）に敗れて初戦敗退も、そのほかの6度は8強以上に進めた。

5度目の全国制覇を成し遂げた06年のセンバツは、前年秋までに高校通算31本塁打の主砲で捕手で主将の福田永将《のぶまさ》（現・中日）、前年秋だけで16本塁打した5番・越前一樹、6番・下水流《しもずる》昂（現・広島）ら一発が期待できる猛者ぞろい。最速143キロのエース左腕・川角謙、制球のいい左の西嶋一記ら投手陣は、03年の成瀬善久（現・ヤクルト）、04年の涌井秀章（現・ロッテ）クラスの絶対的エースこそいなかったが、それぞれに持ち味があった。

唯一の不安は、個性派ぞろいでまとまりがないこと。チームプレーを意識して戦ってくれさえすればひょっとして、の思いはあった。それが、センバツで履正社（大阪）、エース大嶺祐太（現・ロッテ）の八重山商工（沖縄）に1点差で競り勝ち、徐々に「つなぐ野球」の大切さを理解し始める。準々決勝で早稲田実（東京）の斎藤祐樹（現・日本ハム）、岐阜城北（岐阜）の尾藤竜一の好投手二人に猛打を浴びせ、決勝戦では清峰（長崎）から決勝戦の大会最多得点となる21点を奪って頂点に立った。

還暦を越えて（61歳）の栄冠はもちろん、選手たちがチーム一丸で戦ってくれたことがなによりうれしかったのを覚えている。

2000年代は、東海大相模（神奈川）、智弁和歌山（和歌山）、日大三（東京）といった常連校に加え、上甲正典監督が宇和島東（愛媛）から移籍した済美（愛媛）が04年センバツで初出場優勝。同年夏に駒大苫小牧が北海道に初の大旗を持ち帰り、沖縄尚学（沖縄）は1999年センバツで県勢初優勝したときの比嘉公也投手が監督として母校に戻り、08年のセンバツで頂点に導くなど、新勢力が台頭した。

神奈川でも、野呂雅之監督率いる桐光学園が02年に初めて夏の甲子園に出場し、その後もコンスタントに上位に食い込んでいる。09年には水谷哲也監督の横浜隼

2006年センバツで5度目のV。
個性派ぞろいのナインが一丸となったことがうれしかった

人が悲願の初優勝を飾った。

全国でも、神奈川でも戦力図が書き換えられ、これまでの型にはまらないカラーを持つチームがスタジアムをにぎわせ始めた。

◇甲子園成績(2010～2015年)

年度	回戦	スコア	相手	備考	主な出場選手
2011年春	1回戦	●1－5	波佐見(長崎)		乙坂智、近藤健介
2011年夏	2回戦	○6－5	健大高崎(群馬)		〃
	3回戦	●4－9	智弁学園(奈良)		
2012年春	1回戦	○4－0	高知(高知)		田原啓吾、柳裕也
	2回戦	○7－1	聖光学院(福島)		
	準々決勝	●2－4	関東一(東京)		
2013年夏	2回戦	○7－1	丸亀(香川)		浅間大基、高浜祐仁、渡辺佳明
	3回戦	●1－7	前橋育英(群馬)		
2014年春	1回戦	●5－9	八戸学院光星(青森)		〃

◇春夏甲子園優勝、準優勝校と夏の神奈川大会優勝、準優勝校

年度	大会	優勝	準優勝
2010年	センバツ	興南(沖縄)	日大三(東京)
	選手権	興南(沖縄)	東海大相模(神奈川)
	神奈川大会	東海大相模	横浜
2011年	センバツ	東海大相模(神奈川)	九州国際大付(福岡)
	選手権	日大三(東京)	光星学院(青森)
	神奈川大会	横浜	桐光学園
2012年	センバツ	大阪桐蔭(大阪)	光星学院(青森)
	選手権	大阪桐蔭(大阪)	光星学院(青森)
	神奈川大会	桐光学園	桐蔭学園
2013年	センバツ	浦和学院(埼玉)	済美(愛媛)
	選手権	前橋育英(群馬)	延岡学園(宮崎)
	神奈川大会	横浜	平塚学園
2014年	センバツ	龍谷大平安(京都)	履正社(大阪)
	選手権	大阪桐蔭(大阪)	三重(三重)
	神奈川大会	東海大相模	向上
2015年	センバツ	敦賀気比(福井)	東海大四(北海道)
	選手権	東海大相模(神奈川)	仙台育英(宮城)
	神奈川大会	東海大相模	横浜

感動した最後の夏

2010年代に入ると、さらに子供たちとの付き合い方は難しくなった。今どきの子供たちはインターネット、友達とのラインなどで、良くも悪くも多くの情報を手に入れている。自分の仕入れた情報に固執する子もいて、例えば「こういう風に打ってみろ」とアドバイスをしても、「いえ、自分はこのままが打ちやすいんで」と返ってくることもあった。スパルタ期の選手たちでは、とうてい考えられないことである。

また、私自身、脳梗塞、胃腸の不調、帯状疱疹、メニエール症候群をはじめさまざまな病に悩まされ、入院したことも何度かあって、近年は昔ほど厳しい指導をすることができなかった。自分では精いっぱいやってきたつもりでいたが、足りない面は多々あったように思う。

もっと厳しく選手たちを鍛えていたなら、6度目の全国制覇はあったかもしれない。そう考える一方で、そういう野球を突き進めていたら、ここまで長くは指導者をできなかったかなとも思っている。野球を終えた後の人生の方が長い。だから、社会で生き抜くための力を養いたい。それが、私の指導者生活後半の大きな目的になっていた。

2010年以降、甲子園には春3度、夏2度出場させてもらった。しかし、勝ちきることができなかった。勝ちきれなかったといえば、最後の夏、2015年夏は神奈川大会決勝で東海大相模にコールドスコア(0―9)で大敗した。このチームは春季県大会3回戦で1―2と桐蔭学園に敗れ、夏は5年ぶりのノーシードスタート。正直、力はそれほどなかった。それが、6月に夏限りで勇退の発表をするや、監督の最後を甲子園で飾ろうと選手たちが言ってくれ、その言葉通りに5回戦から準決勝まで1点差のゲームを粘って、粘ってものにしてくれた。

あと一歩で、彼らを甲子園に連れて行ってやることはできなかったけれど、最後に熱い夏を過ごさせてもらい「本当に、こんなことがあるんだな。子供たちってすごいな」と心から感謝した。決勝で対戦した東海大相模が、神奈川に1998年以来の深紅の大優勝旗を持って帰ってきてくれたのもうれしかった。

最後の夏は甲子園に行けなかったが、
選手たちの頑張りに心から感謝している

◇渡辺監督夏の神奈川大会成績表
1968 年～

年 度	回 戦	スコア	相 手
1968 年	2 回戦	○7－2	神奈川商工
	3 回戦	○11－1	逗子
	4 回戦	○8－2	横浜一商
	準々決勝	●1－3	横浜商
1969 年	2 回戦	○15－0	神奈川商工
	3 回戦	○2－1	浅野
	4 回戦	○7－0	三崎
	準々決勝	○8－2	追浜
	準決勝	○1－0	南
	決勝	●0－2	東海大相模
1970 年	2 回戦	●2－6	神奈川工
1971 年	2 回戦	○15－1	三浦
	3 回戦	○1－0	湘南
	4 回戦	○8－1	神奈川工
	準々決勝	●1－4	藤沢商
1972 年	2 回戦	○14－0	関東学院
	3 回戦	○6－0	向の岡工
	4 回戦	○5－0	神奈川商工
	準々決勝	●3－4	東海大相模
1973 年	2 回戦	○15－0	県川崎
	3 回戦	○10－0	関東学院
	4 回戦	○3－0	神奈川工
	準々決勝	●0－1	桐蔭学園
1974 年	2 回戦	○10－0	県横須賀工
	3 回戦	○10－0	市横須賀
	4 回戦	○3－0	横浜一商
	準々決勝	○6－1	日大藤沢
	準決勝	○1－0	慶応
	決勝	●1－4	東海大相模
1975 年	2 回戦	○4－2	秦野
	3 回戦	●1－5	東海大相模
1976 年	2 回戦	○10－0	三崎
	3 回戦	●1－4	鎌倉学園
1978 年	2 回戦	○14－0	金井
	3 回戦	○11－1	相模原
	4 回戦	○4－2	津久井浜
	準々決勝	○7－0	柏陽
	準決勝	○3－2	桐蔭学園
	決勝	○5－3	横浜商
1979 年	1 回戦	○11－1	磯子
	2 回戦	○4－0	座間
	3 回戦	○2－0	山北
	4 回戦	○8－0	日大高
	準々決勝	○5－1	桜丘
	準決勝	○5－0	藤沢商
	決勝	●1－3	横浜商
1980 年	2 回戦	○3－0	舞岡
	3 回戦	○12－0	桐光学園
	4 回戦	○11－2	川和
	5 回戦	○11－0	秦野
	準々決勝	○3－0	向上
	準決勝	○13－0	武相
	決勝	○2－0	桐蔭学園
1982 年	2 回戦	○10－0	三崎
	3 回戦	○8－2	相模原
	4 回戦	○3－0	藤沢北
	5 回戦	○6－1	山北
	準々決勝	○6－1	東海大相模
	準決勝	●7－10	法政二
1983 年	2 回戦	○8－2	相原
	3 回戦	○2－1	山北
	4 回戦	○9－0	逗子
	5 回戦	○10－0	麻溝台
	準々決勝	○9－0	関東学院六浦
	準決勝	○5－3	相洋
	決勝	●1－3	横浜商

年 度	回 戦	スコア	相 手
	4回戦	○7－1	逗葉
	5回戦	○6－0	海老名
	準々決勝	○6－2	大清水
	準決勝	○8－5	日大藤沢
	決勝	●1－2	横浜商大高
1994年	2回戦	○20－1	横須賀学院
	3回戦	○11－1	海老名
	4回戦	○11－0	金井
	5回戦	○9－0	川崎北
	準々決勝	○4－3	横浜商
	準決勝	○5－1	横浜商工
	決勝	○7－2	日大藤沢
1995年	2回戦	○10－0	横須賀商
	3回戦	○10－0	県川崎
	4回戦	○7－3	藤沢北
	5回戦	○4－3	東海大相模
	準々決勝	○7－1	関東学院六浦
	準決勝	●8－9	日大藤沢
1996年	2回戦	○10－0	横浜商工
	3回戦	○14－3	百合丘
	4回戦	○6－0	瀬谷
	5回戦	○6－0	桐蔭学園
	準々決勝	○5－2	東海大相模
	準決勝	○10－8	藤嶺藤沢
	決勝	○7－3	日大藤沢
1997年	2回戦	○16－0	久里浜
	3回戦	○14－0	厚木南
	4回戦	○11－0	相武台
	5回戦	○12－2	厚木
	準々決勝	○10－5	東海大相模
	準決勝	●2－3	横浜商
1998年	2回戦	○6－0	神奈川工
東神奈川大会	3回戦	○10－0	浅野
	4回戦	○10－0	武相
	準々決勝	○12－0	鶴見工

年 度	回 戦	スコア	相 手
1984年	2回戦	○9－0	鶴見
	3回戦	○2－1	五領ヶ台
	4回戦	○13－8	相模原
	5回戦	●2－5	桐光学園
1985年	2回戦	○8－1	日大高
	3回戦	○15－0	都岡
	4回戦	○3－0	慶応
	5回戦	○3－2	城山
	準々決勝	○7－0	鶴見工
	準決勝	○5－4	桐蔭学園
	決勝	●3－9	藤嶺藤沢
1986年	2回戦	○10－1	平塚農
	3回戦	○10－0	野庭
	4回戦	○13－1	豊田
	5回戦	○12－2	住吉
	準々決勝	○10－4	桐蔭学園
	準決勝	○5－4	藤沢商
	決勝	●7－11	横浜商
1987年	2回戦	●3－4	向上
1991年	2回戦	○13－3	舞岡
	3回戦	○7－1	大師
	4回戦	○6－1	横浜緑ヶ丘
	5回戦	○1－0	湘南
	準々決勝	○3－1	東海大相模
	準決勝	○7－6	横浜商
	決勝	●7－11	桐蔭学園
1992年	2回戦	○11－0	大和西
	3回戦	○10－2	南
	4回戦	○5－2	桐光学園
	5回戦	○11－1	平塚学園
	準々決勝	○14－2	大清水
	準決勝	○14－5	横浜商
	決勝	●8－10	桐蔭学園
1993年	2回戦	○5－1	桜丘
	3回戦	○11－1	逗子開成

◇渡辺監督夏の神奈川大会成績表
1998年〜

年度	回戦	スコア	相手
	準決勝	○25－0	横浜商大高
	決勝	○14－3	桐光学園
1999年	2回戦	○9－1	横浜翠嵐
	3回戦	○6－0	相洋
	4回戦	○8－1	清水ヶ丘
	5回戦	○5－1	藤沢翔陵
	準々決勝	○5－1	横浜商工
	準決勝	●5－10	桐蔭学園
2000年	2回戦	○10－3	秦野
	3回戦	○7－0	大原
	4回戦	○10－1	橋本
	5回戦	○5－0	慶応
	準々決勝	○9－4	横浜隼人
	準決勝	○6－0	神奈川商工
	決勝	○5－3	桐光学園
2001年	2回戦	○11－4	追浜
	3回戦	○2－0	県横須賀工
	4回戦	○7－0	湘南
	5回戦	○11－0	山手学院
	準々決勝	○5－1	横浜商
	準決勝	○4－0	桐蔭学園
	決勝	○10－7	桐光学園
2002年	2回戦	○7－0	市横須賀
	3回戦	●1－3	法政二
2003年	2回戦	○10－0	相武台
	3回戦	○10－1	港北
	4回戦	○7－2	光明相模原
	5回戦	○7－1	日大藤沢
	準々決勝	○4－2	桐蔭学園
	準決勝	○2－0	東海大相模
	決勝	●2－7	横浜商大高
2004年	2回戦	○23－0	上溝南
	3回戦	○12－1	平塚工科
	4回戦	○5－4	日大藤沢
	5回戦	○6－1	桐蔭学園

年度	回戦	スコア	相手
	準々決勝	○5－2	桐光学園
	準決勝	○16－3	横浜商大高
	決勝	○12－0	神奈川工
2005年	1回戦	○13－1	横浜旭陵
	2回戦	○8－0	座間
	3回戦	○7－0	平塚工科
	4回戦	●1－2	慶応
2006年	2回戦	○8－0	座間
	3回戦	○10－0	藤沢翔陵
	4回戦	○21－1	大和東
	5回戦	○9－0	湘南学院
	準々決勝	○12－2	横浜創学館
	準決勝	○8－1	桐蔭学園
	決勝	○15－7	東海大相模
2007年	2回戦	○9－0	神田
	3回戦	○4－0	大船
	4回戦	○12－0	大原
	5回戦	○5－4	藤嶺藤沢
	準々決勝	○8－1	川和
	準決勝	●4－6	東海大相模
2008年 南神奈川大会	2回戦	○7－0	日大藤沢
	3回戦	○4－0	藤嶺藤沢
	4回戦	○13－0	南
	準々決勝	○8－1	鎌倉学園
	準決勝	○9－3	藤沢西
	決勝	○8－2	横浜創学館
2009年	2回戦	○8－1	横須賀明光
	3回戦	○6－0	横須賀総合
	4回戦	○5－2	相模原総合
	5回戦	○12－9	東海大相模
	準々決勝	●9－10	横浜隼人
2010年	1回戦	○8－0	津久井浜
	2回戦	○9－2	藤沢翔陵
	3回戦	○3－2	横須賀総合
	4回戦	○3－0	向上

年度	回戦	スコア	相手
	準決勝	○4－3	桐光学園
	決勝	●0－9	東海大相模

※通算212勝31敗

参考 部長としての夏の神奈川大会

年度	回戦	スコア	相手
1977年	2回戦	○17－0	鎌倉
	3回戦	○10－0	市横須賀工
	4回戦	○5－3	日大藤沢
	準々決勝	●1－3	法政二
1988年	2回戦	○6－3	大楠
	3回戦	○9－0	県川崎工
	4回戦	○7－0	横浜平沼
	5回戦	○10－1	日大藤沢
	準々決勝	○8－5	南
	準決勝	●5－10	法政二
1989年	2回戦	○16－0	横浜日野
	3回戦	○11－0	鶴嶺
	4回戦	○10－0	川崎北
	5回戦	○5－3	横浜商大高
	準々決勝	○6－2	大清水
	準決勝	○5－2	山北
	決勝	○7－6	日大藤沢
1990年	2回戦	○4－3	日大藤沢
	3回戦	○6－0	海老名
	4回戦	○7－2	相武台
	5回戦	●2－3	神奈川工

※通算18勝3敗

年度	回戦	スコア	相手
	5回戦	○15－8	横浜商大高
	準々決勝	○6－2	桐蔭学園
	準決勝	○9－5	横浜隼人
	決勝	●3－9	東海大相模
2011年	2回戦	○10－0	白山
	3回戦	○6－2	横浜商
	4回戦	○2－0	山北
	5回戦	○3－1	東海大相模
	準々決勝	○4－3	立花学園
	準決勝	○5－4	横浜創学館
	決勝	○2－1	桐光学園
2012年	2回戦	○8－0	上矢部
	3回戦	○9－0	有馬
	4回戦	○7－0	大和南
	5回戦	○12－2	日大高
	準々決勝	●3－4	桐光学園
2013年	2回戦	○3－1	藤沢清流
	3回戦	○6－0	小田原
	4回戦	○5－2	湘南学院
	5回戦	○3－2	横浜隼人
	準々決勝	○3－2	桐光学園
	準決勝	○7－0	東海大相模
	決勝	○3－0	平塚学園
2014年	2回戦	○7－0	厚木西
	3回戦	○14－0	荏田
	4回戦	○8－3	湘南
	5回戦	○5－0	立花学園
	準々決勝	○11－1	相模原
	準決勝	●3－5	東海大相模
2015年	1回戦	○9－0	光明相模原
	2回戦	○10－0	海老名
	3回戦	○7－0	三浦学苑
	4回戦	○3－0	相模原
	5回戦	○6－5	藤沢翔陵
	準々決勝	○5－4	横浜隼人

コラム 10 50年のひとかけら

神奈川のライバルたち

１９４９年夏優勝の湘南、60年夏、61年春に夏春連覇を果たした法政二、強打で全国を席巻した東海大相模、71年夏に初出場優勝した桐蔭学園、そして我が横浜高校。春夏通算13度の全国制覇を果たしている神奈川県は、全国でも一、二を争う激戦区である。15年夏までの春夏通算勝利数は１９５勝（１１８敗1分け）、優勝13度で47都道府県で7位につける。ここには港があり、異文化を受け入れる寛容さを持つエリアらしく、いろいろな野球が育っている。甲子園出場までは届かなくても、実力を備えた公立校は多く、勝ち抜くのに毎回、苦労させられてきた。

緻密《ちみつ》な野球の法政二・田丸仁監督、豪快な打ち勝つ野球の東海大相模・原貢監督を目標に精進する中で、いつしか若い監督たちの目標に挙げてもらえるようになったことは気恥ずかしいと同時に、うれしい。切磋琢磨《せっさたくま》してきた監督たちで、私が特に注目しているのは東海大相模・門馬敬治監督、桐光学園・野呂雅之監督、横浜隼人・水谷哲也監督の3人だ。各校の練習までしっかり見ていないから、あくまで対戦した印象からでしかないが、今後の神奈川はこの3人を軸に回っていくように思っている。

15年夏に自身3度目の全国制覇を果たした東海大相模・門馬監督は、私が目標としていた原監督の豪快な野球の継承者。常々「横浜高校を倒す」と公言していて、研究も相当したのだろう。私は恩人の一人である藤木企業の藤木幸夫会長をまねてウォーキングを始め、公式戦の前などによく球場の周りを歩いていたのだが、それを知った門馬監督は「なんで歩いているんだろう」と自分もやってみたと聞く。何事も実際にやってみて、理解する努力をしているようだ。伝統の東海大相模野球に、ウチの緻密《ちみつ》な野球をうまくミックスしていると思う。彼も若い頃は、私の若い頃と同じように「勝ちたい、勝ちたい」という意識が強過ぎた。練習量から横浜に勝ちたいと徹底的に選手を鍛えていたようだが、最近はそればかりでなく「人間・門馬」ができてきたなと感じている。15年夏の勝者のインタビューで、エースの小笠原（慎之介＝現・中日）君が「苦しい夏でした」とコメントしていたが、苦しいことを最後までやり抜かせたところに指導者としての成長を見た気がした。恩師である原監督以上に、強烈な存在になりつつある。

桐光学園・野呂監督は、現代風の、子供たちを伸び伸びやらせる野球で力を付けてきた。12年夏の甲子園を沸かせた松井裕樹投手（現・楽天）は高校在学中に引っ越しをしたため寮住まいをしていたが、基本は神奈川県内、通学できる範囲の選手でチームを編成。それで2001年のセンバツで初出場して以来15年間で春1度、夏4度甲子園に出場と結果を残しているのが脅威だ。

横浜隼人・水谷監督は、昔から一貫して礼儀作法を徹底的に教育。教育者監督の第一人者だと思っている。甲子園は09年夏に今岡一平投手（現・東芝）で出場したのみにとどまっているが、しっかりした人間教育に裏打ちされた野球をしており、今後、甲子園常連校に育つ可能性もある。

この3人に、我が横浜高校の新監督である平田徹がどこまで食い下がれるか、だと思っている。部長として5年間、ベンチで一緒に戦ってきたのだから、たくさん勉強して、頑張ってほしいと願っている。

近年、子供たちの気質もそうだが、体形が大きく変わった。日本ハム・大谷翔平投手、阪神・藤浪晋太郎投手に代表されるように身長190センチ以上が、けっして珍しくなくなった。昔のような胴長短足、O脚ではなく、足の長い選手が多くなった。体形が変わるということは、野球も変わってくるということだ。

例えば昔は「腰を低くして捕球」が基本とされた。しかし、足の長い選手がそれをすると、逆に股下を抜かれてしまうことがある。野球の基本は不変だが、アウトにできるのであれば、なにも「腰を低くして捕球」にこだわる必要はないだろう。

国際試合も多くなった。野球はまだまだ変わっていく。指導者は変わることを恐れず、常に自分自身も変化させていかなければならない。

あとがき

高校野球が誕生して100周年の節目にあたる2015年7月28日。神奈川大会決勝戦で長年の宿敵・東海大相模に0－9で敗れ、私は一つのピリオドを打った。

あれから早くも8か月が経つ。コーチ時代を含めると実に半世紀以上も身に着けてきた母校・横浜高校のユニホームは脱いだが、ありがたいことに監督を退いてからもなお、高校野球の若手指導者や会社、地域の方々を対象にした講演会の依頼を多数、いただいている。

その人たちに今、私はなにを伝えるべきか。いや、なにを伝えたいのか。

高校野球の技術的な理論なら、ほかにも話せる人がたくさんいる。私が伝えたいのはやはり「心」の部分だ。監督時代より少しゆっくりした時間の中で改めて考えてみて、ふと「言葉の重要性」に思い当たった。きっかけは、選手に「言葉が通じなかった」経験にある。

あるとき、指導が気に入らなかったのか、おかしな態度を見せた選手に「お前、今、ふててるだろう」と声をかけたのだが、言われた選手はきょとんとした顔になった。「もしかして、ふててるの意味がわからないのか」と聞くと、「なんですか、それ」と返してきた。「ふてる」とは「ふて腐れる」を省略した言葉で、私は昔から使ってきたし、過去の選手たちにはそれで通じていた。それが……。

指導方法と同じように、言葉も時代によって少しずつ変わっていく。どんなにいい指導、言葉だったとしても、相手がわからないのでは意味がない。自分の使ってきた言葉で一方的に伝えるだけでなく、相手に伝わる言葉を選び、またその伝え方も勉強していかなければならないのではないか。そう考えた。

甲子園春夏通算5度の優勝、同通算51勝（22敗）をはじめ、私は輝かしい経験を数多くさせてもらったが、50年という長い間には失敗もまた数多くあった。胸の痛いことだが、未熟さゆえに犠牲にしてしまった部員もいる。一方で、これほど長く指導者生活を続けてこられたのは、節目、節目で私を変えてくれた人（恩師と呼べる人だったり、教え子だったり、指導者仲間だったり）に出会え、私自身も変わろうとしてきたからだと思っている。

本書では、創刊のときから付き合いのある高校野球雑誌「報知高校野球」での過去の連載なども引用、時代的な背景も交えながら「言葉の魅力」と「言葉の魔力」を探ってみた。言葉を見出しにし、比較的簡単な文章で要点をまとめたので、中学、高校球児にぜひ読んでほしい。きっと指導者や保護者の言葉の裏に隠されたものに気が付くはずだ。さらにこの本が、野球に限らず、指導方法に悩む若手指導者、指導者を志す人たちにとって、なにかのヒントになってくれたらこんなにうれしいことはない。

最後になったが、本書の編集、原稿チェックなどでご協力くださった報知新聞出版部・三宅広美次長、「報知高校野球」元編集長・古賀敬之さん、報知新聞社ビジネス局・要浩一郎局次長をはじめスタッフの皆様に深く感謝している。

２０１６年3月吉日

横浜高校硬式野球部前監督

渡辺　元智

渡辺　元智（わたなべ・もとのり）

1944年11月3日、神奈川県足柄郡松田町生まれ。横浜高校では2年生から外野手のレギュラーを獲得。3年夏の神奈川大会で鎌倉学園に敗れ、甲子園出場はならなかった。神奈川大に進学も、右肩を故障して1年で中退。工事現場で働くなどまったく野球と離れた時期もあったが、65年5月に母校・横浜高校の野球部コーチに招かれ、68年に臨時体育助教諭の肩書で監督に昇格。73年のセンバツで初出場優勝を果たした。その後、関東学院大に再入学、教員免許を取得して社会科教諭となる。80年の選手権大会で初優勝、2015年7月に勇退するまで甲子園には春夏29度（部長としての2度を含む）出場し、春3度、夏2度の優勝。98年にはエース松坂大輔（現・ソフトバンク）を中心に史上5校目の春夏連覇を達成、前年秋の明治神宮大会、98年秋の国体を含めて4冠に輝いた。この年は公式戦無傷の44連勝と圧倒的な強さを誇った。現在は青少年教育等の講演会で全国を飛び回っている。

2016年3月17日　初版

人生の勝利者たれ

著　者　渡辺　元智

発行人　石尾　伸

発行所　報知新聞社

〒108-8485　東京都港区港南4-6-49

電話　03（5479）1285（出版販売部）

印刷所　凸版印刷株式会社

ISBN 978-4-8319-0147-7